Προσούτο Παλούζα
Βιβλίο μαγειρικής

100 νόστιμες συνταγές με το καλύτερο ιταλικό ζαμπόν

Βασιλεία Παπαγεωργίου

ΠΙΝΑΚΑΣ ΠΕΡΙΕΧΟΜΕΝΩΝ

ΕΙΣΑΓΩΓΗ

100 νόστιμες συνταγές για το απόλυτο ιταλικό ζαμπόν
Περιγραφή: Προσούτο Παλούζα Βιβλίο μαγειρικής είναι ο απόλυτος οδηγός σας για να δημιουργήσετε λαχταριστά πιάτα με αυτό το αγαπημένο ιταλικό ζαμπόν. Από κλασικά antipasti μέχρι αλμυρά ζυμαρικά, χορταστικές σούπες και παρακμιακά επιδόρπια, αυτό το βιβλίο μαγειρικής περιλαμβάνει 100 εύκολες στην εφαρμογή συνταγές που παρουσιάζουν τις πλούσιες, αλμυρές και ελαφρώς γλυκές γεύσεις του προσούτο.

Είτε είστε λάτρης του προσούτο είτε αρχάριος σε αυτό το νόστιμο συστατικό, αυτό το βιβλίο μαγειρικής έχει κάτι για όλους. Μάθετε πώς να φτιάχνετε σπιτικό προσούτο ή αναβαθμίστε το παιχνίδι μαγειρικής σας με δημιουργικές συνταγές όπως σπαράγγια τυλιγμένα με προσούτο, πίτσα με σύκο και προσούτο ή στήθη κοτόπουλου με γεμιστό προσούτο και κατσικίσιο τυρί.

Κάθε συνταγή συνοδεύεται από λεπτομερείς οδηγίες, μια λίστα συστατικών και μια έγχρωμη φωτογραφία, ώστε να μπορείτε να δείτε ακριβώς πώς πρέπει να είναι το πιάτο σας. Θα βρείτε επίσης χρήσιμες συμβουλές για την επιλογή του καλύτερου προσούτο, την αποθήκευση του και τον συνδυασμό του με άλλα συστατικά για να δημιουργήσετε το τέλειο προφίλ γεύσης.

Γιατί λοιπόν να περιμένετε; Πάρτε ένα αντίγραφο του Προσούτο Παλούζα Βιβλίο μαγειρικής και ξεκινήστε να εξερευνάτε τον νόστιμο κόσμο της ιταλικής κουζίνας σήμερα!.

ΠΡΩΙΝΟ ΓΕΥΜΑ

2. Τυλιγμένα αυγά Kale

ΣΥΣΤΑΤΙΚΑ:

- Τρεις κουταλιές της σούπας παχύρρευστη κρέμα
- Τέσσερα βραστά αυγά
- ¼ κουταλάκι του γλυκού πιπέρι
- Τέσσερα φύλλα λαχανίδας
- Τέσσερις φέτες προσούτο
- ¼ κουταλάκι του γλυκού αλάτι
- 1 ½ φλιτζάνι νερό

1. Καθαρίζουμε τα αυγά και τυλίγουμε το καθένα με το λάχανο. Τις τυλίγουμε με τις φέτες προσούτο και τις πασπαλίζουμε με αλεσμένο μαύρο πιπέρι και αλάτι.

2. Τοποθετήστε το Instant Pot πάνω από μια στεγνή πλατφόρμα στην κουζίνα σας. Ανοίξτε το επάνω καπάκι του και ενεργοποιήστε το.

3. Στην κατσαρόλα ρίχνουμε νερό. Τοποθετήστε ένα καλάθι βαποριού ή ατμομάγειρα μέσα που συνοδεύει το Instant Pot. Τώρα τοποθετήστε/τακτοποιήστε τα αυγά πάνω από το μπολ/καλάθι.

4. Κλείστε το καπάκι για να δημιουργήσετε έναν κλειδωμένο θάλαμο. βεβαιωθείτε ότι η βαλβίδα ασφαλείας είναι στη θέση κλειδώματος.

5. Βρείτε και πατήστε τη λειτουργία μαγειρέματος "MANUAL". χρονοδιακόπτης στα 5 λεπτά με την προεπιλεγμένη λειτουργία πίεσης «HIGH».

6. Αφήστε την πίεση να αυξηθεί για να ψηθούν τα υλικά.

7. Αφού περάσει ο χρόνος μαγειρέματος, πατήστε τη ρύθμιση "CANCEL". Βρείτε και πατήστε τη λειτουργία μαγειρέματος "QPR". Αυτή η ρύθμιση είναι για γρήγορη απελευθέρωση της εσωτερικής πίεσης.

8. Ανοίξτε αργά το καπάκι, βγάζετε τη μαγειρεμένη συνταγή σε πιάτα σερβιρίσματος ή μπολ σερβιρίσματος και απολαμβάνετε τη συνταγή κέτο.

3. Κολοκυθάκια, προσούτο και παρμεζάνα

Κάνει: 12

ΣΥΣΤΑΤΙΚΑ:
- 1 μικρό κρεμμύδι, ψιλοτριμμένο
- 1 κολοκυθάκι, τριμμένο
- 3 φλιτζάνια αλεύρι απλό
- 3 κουταλάκια του γλυκού μπέικιν πάουντερ
- 1 κουταλάκι του γλυκού θαλασσινό αλάτι
- ½ φλιτζάνι τριμμένη παρμεζάνα
- 4 αυγά
- 2 ½ φλιτζάνια γάλα
- 200 γρ βούτυρο ανάλατο, λιωμένο και κρυωμένο

Γλυκιά σάλτσα ντομάτας
- 1 κουταλιά της σούπας ελαιόλαδο
- 1 μικρό κρεμμύδι ψιλοκομμένο
- 1 μικρό κόκκινο τσίλι, ψιλοκομμένο
- 2 κουταλιές της σούπας πελτέ ντομάτας
- 420 γραμμάρια κονσέρβας ντομάτες ψιλοκομμένες
- 1 κουταλιά της σούπας καστανή ζάχαρη
- Σερβίρουμε με προσούτο, σάλτσα ντομάτας και ντοματίνια

ΟΔΗΓΙΕΣ:
a) Για να φτιάξετε τη σάλτσα, ζεστάνετε το λάδι σε μέτρια κατσαρόλα σε μέτρια δυνατή φωτιά. Προσθέστε το κρεμμύδι και το τσίλι και μαγειρέψτε για 2-3 λεπτά ή μέχρι να μαλακώσουν. Προσθέστε τον πελτέ ντομάτας και μαγειρέψτε για 1 λεπτό ακόμα.
b) Προσθέστε κονσέρβα ντομάτες, μαύρη ζάχαρη και 1 φλιτζάνι νερό. Αφήνουμε να πάρει βράση, χαμηλώνουμε τη φωτιά και σιγοβράζουμε για 15 λεπτά ή μέχρι να πήξει. διατηρούμαι ζεστός.
c) Για να φτιάξετε τις βάφλες, τοποθετήστε το κρεμμύδι, τα κολοκυθάκια, το αλεύρι, το μπέικιν πάουντερ, το αλάτι και την παρμεζάνα σε ένα μεγάλο μπολ ανάμειξης. Ανακατέψτε καλά.
d) Χτυπάμε τα αυγά, το γάλα, το βούτυρο σε μια μεγάλη κανάτα και ανακατεύουμε με το μείγμα των κολοκυθιών και του αλευριού.
e) Επιλέξτε τη ρύθμιση CLASSIC βάφλας και πληκτρολογήστε τον αριθμό 6 στον επιλογέα ροδίσματος.

f) Προθερμάνετε μέχρι να αναβοσβήσει το πορτοκαλί φως και να εξαφανιστούν οι λέξεις ΘΕΡΜΑΝΣΗ.

g) Χρησιμοποιώντας δοσομετρητή βάφλα, ρίξτε ½ φλιτζάνι ζύμη σε κάθε τετράγωνο βάφλας. Κλείστε το καπάκι και μαγειρέψτε μέχρι να τελειώσει ο χρονοδιακόπτης και να ακουστεί το μπιπ έτοιμο 3 φορές. Επαναλάβετε με το υπόλοιπο κουρκούτι.

h) Σερβίρετε ζεστές βάφλες με σάλτσα ντομάτας, προσούτο και φρέσκα ντοματίνια.

4. Μπουκιές αυγών σπανάκι

ΣΥΣΤΑΤΙΚΑ:

- Αυγά - 4
- Παρμεζάνα τριμμένη – 3/4 φλ
- Πυκνή σαντιγί – 1/4 φλ
- Σπανάκι, ψιλοκομμένο - 1/4 φλ
- Προσούτο, ψιλοκομμένο – 1/2 ουγγιά
- Αλεσμένο μαύρο πιπέρι - 1/2 κουταλάκι του γλυκού
- Αλάτι - 1/8 κουταλάκι του γλυκού
- Νερό - 1 ½ φλιτζάνι

a) Πάρτε ένα δίσκο με επτά φλιτζάνια για δάγκωμα αυγών και γεμίστε τα φλιτζάνια ομοιόμορφα με προσούτο και σπανάκι.

b) Σπάστε τα αυγά σε ένα μπολ, προσθέστε τα υπόλοιπα υλικά εκτός από το νερό και χτυπήστε μέχρι να ομογενοποιηθούν.

c) Ανάψτε τη στιγμιαία κατσαρόλα, ρίξτε νερό και βάλτε σε αυτό το σταντ με τρίβες.

d) Ρίξτε το μείγμα των αυγών ομοιόμορφα πάνω από το σπανάκι και το προσούτο, 4 κουταλιές της σούπας ανά φλιτζάνι ή περισσότερο μέχρι να γεμίσει τα 3/4 και στη συνέχεια σκεπάστε το τηγάνι με αλουμινόχαρτο.

e) Τοποθετήστε το τηγάνι στη βάση, κλείστε τη στιγμιαία κατσαρόλα με το καπάκι στη σφραγισμένη θέση, μετά πατήστε το κουμπί 'χειροκίνητο', πατήστε '+/-' για να ρυθμίσετε το χρόνο μαγειρέματος στα 10 λεπτά και μαγειρέψτε σε ρύθμιση υψηλής πίεσης. όταν αυξηθεί η πίεση στην κατσαρόλα, θα ξεκινήσει το χρονόμετρο μαγειρέματος. Όταν η στιγμιαία κατσαρόλα βουίζει, πατήστε το κουμπί «διατήρηση ζεστού», αφήστε την πίεση φυσικά για 10 λεπτά, στη συνέχεια κάντε μια γρήγορη απελευθέρωση της πίεσης και ανοίξτε το καπάκι.

f) Βγάζουμε το ταψί, το ξεσκεπάζουμε και αναποδογυρίζουμε το τηγάνι σε πιατέλα για να βγάλουμε τις μπουκιές των αυγών.

g) Σερβίρετε αμέσως.

5. Ανοιχτό σάντουιτς προσούτο και αυγών

Κάνει: 4

ΣΥΣΤΑΤΙΚΑ:
- 8 φέτες ντομάτες Ρόμα
- 4 φέτες χοντρό ψωμί κρούστας
- 4 αυγά
- 1/2 φλιτζάνι ρόκα
- 4 φέτες Prosciutto di Parma
- Εξαιρετικό παρθένο ελαιόλαδο, όσο χρειάζεται
- Σπασμένο πιπέρι και θαλασσινό αλάτι, για γεύση

ΟΔΗΓΙΕΣ:
a) Προθερμάνετε το φούρνο στους 400°F.

b) Τοποθετήστε τις ντομάτες σε ένα μικρό ταψί και ψήστε μέχρι να μαλακώσουν, για 10 λεπτά.

c) Μειώστε τη θερμοκρασία του φούρνου στους 350°F. Τοποθετήστε το ψωμί σε ένα άλλο ταψί. αλείφουμε με 1 κουταλιά λάδι και πασπαλίζουμε με αλάτι και πιπέρι για γεύση. Τοποθετήστε το στο φούρνο και φρυγανίστε μέχρι να ροδίσει, περίπου 5 λεπτά.

d) Εν τω μεταξύ, ζεσταίνουμε 2 κουταλιές της σούπας λάδι σε ένα μεγάλο τηγάνι και τηγανίζουμε τα αυγά με την ηλιόλουστη πλευρά προς τα πάνω ή όπως θέλουμε.

e) Για να συναρμολογήσετε το σάντουιτς, τοποθετήστε μια φέτα τοστ σε καθένα από τα 4 πιάτα. Συμπληρώστε το καθένα με το 1/4 της ρόκας, 2 φέτες ντομάτα, ένα τηγανητό αυγό και μια φέτα προσούτο. Ολοκληρώστε με τριμμένο πιπέρι και θαλασσινό αλάτι για γεύση.

6. Φλιτζάνια Αυγών Προσούτο στο φούρνο

Κάνει: 12

ΣΥΣΤΑΤΙΚΑ:
- 1 κουταλιά της σούπας ελαιόλαδο
- 12 φέτες προσούτο
- 12 μεγάλα αυγά
- 2 φλιτζάνια baby σπανάκι
- αλατοπίπερο

ΟΔΗΓΙΕΣ:
a) Προθερμαίνουμε τον φούρνο στους 400 βαθμούς.

b) Βουρτσίστε το ελαιόλαδο σε κάθε θήκη της φόρμας για μάφιν. Τοποθετήστε μια φέτα προσούτο μέσα σε κάθε διαμέρισμα, πιέζοντας για να βεβαιωθείτε ότι τα πλαϊνά και το κάτω μέρος είναι πλήρως ευθυγραμμισμένα (ίσως χρειαστεί να κόψετε το προσούτο σε πολλά κομμάτια για να αποκτήσετε πιο εύκολα το σχήμα του φλιτζανιού).

c) Τοποθετούμε 2-3 φύλλα σπανάκι μέσα σε κάθε φλιτζάνι και ρίχνουμε από πάνω ένα αυγό. Πασπαλίζουμε με αλάτι και πιπέρι κατά βούληση.

d) Ψήστε για 12 λεπτά για έναν κρόκο αυγού που είναι ελαφρώς μαρμελάδα ή έως και 15 λεπτά για έναν πιο σκληρό κρόκο.

ΟΡΕΚΤΙΚΑ ΚΑΙ ΜΠΟΥΚΕΣ

7.   Μπουκιές χτένι και προσούτο

Κάνει: 8

ΣΥΣΤΑΤΙΚΑ:
- ½ φλιτζάνι προσούτο κομμένο σε λεπτές φέτες
- 3 κουταλιές της σούπας τυρί κρέμα
- 1 κιλό χτένια
- 3 κουταλιές της σούπας ελαιόλαδο
- 3 σκελίδες σκόρδο ψιλοκομμένες
- 3 κουταλιές της σούπας τυρί παρμεζάνα
- Αλάτι και πιπέρι για γεύση – προσοχή, γιατί το προσούτο θα είναι αλμυρό

ΟΔΗΓΙΕΣ:
a) Απλώστε μια μικρή επικάλυψη τυριού κρέμα σε κάθε φέτα προσούτο.
b) Στη συνέχεια, τυλίξτε μια φέτα προσούτο γύρω από κάθε χτένι και ασφαλίστε με μια οδοντογλυφίδα.
c) Σε ένα τηγάνι ζεσταίνουμε το ελαιόλαδο.
d) Βράζουμε το σκόρδο για 2 λεπτά σε ένα τηγάνι.
e) Προσθέστε τα χτένια τυλιγμένα σε αλουμινόχαρτο και μαγειρέψτε για 2 λεπτά από κάθε πλευρά.
f) Απλώνουμε από πάνω τυρί παρμεζάνα.
g) Προσθέστε αλάτι και πιπέρι αν θέλετε.
h) Στίψτε την περίσσεια υγρού με μια χαρτοπετσέτα.

8.   Μπάλες μοτσαρέλας τυλιγμένες με προσούτο

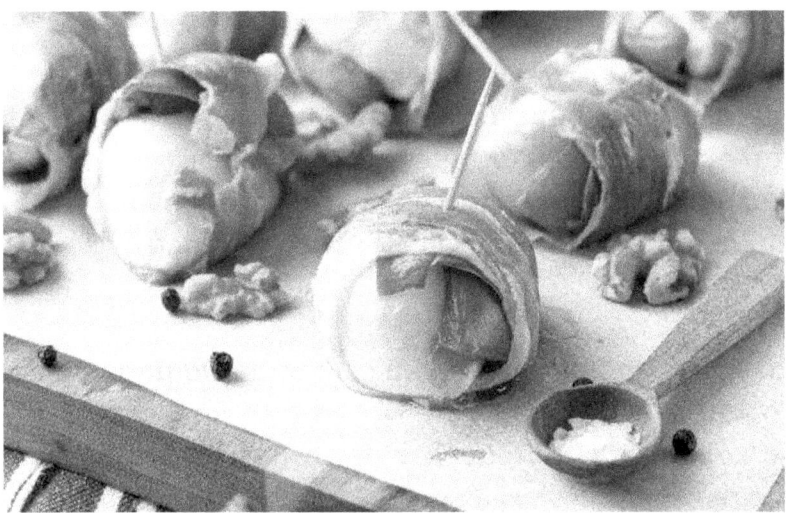

Κάνει: 4

ΣΥΣΤΑΤΙΚΑ:
- 8 μπαλάκια μοτσαρέλα, μέγεθος κερασιού
- 4 ουγγιές μπέικον, κομμένο σε φέτες
- ¼ κουταλάκι του γλυκού αλεσμένο μαύρο πιπέρι
- ¾ κουταλάκι του γλυκού αποξηραμένο δεντρολίβανο
- 1 κουταλάκι του γλυκού βούτυρο (⅛ υγιεινά λιπαρά)

ΟΔΗΓΙΕΣ:
a) Πασπαλίζουμε το μπέικον σε φέτες με τριμμένο μαύρο πιπέρι και αποξηραμένο δεντρολίβανο.

b) Τυλίξτε κάθε μπάλα μοτσαρέλας με το μπέικον σε φέτες και στερεώστε τα με οδοντογλυφίδες.

c) Λιώστε το βούτυρο.

d) Αλείψτε τις τυλιγμένες μπάλες μοτσαρέλας με βούτυρο.

e) Στρώνουμε το ταψί με την περγαμηνή και στρώνουμε μέσα μπαλάκια μοτσαρέλας.

f) Ψήστε το γεύμα για 10 λεπτά στους 365 F.

9.   Τυλιγμένα δαμάσκηνα

Κάνει: 8

ΣΥΣΤΑΤΙΚΑ:
- 2 ουγγιές προσούτο, κομμένο σε 16 κομμάτια (2 άπαχα)
- 4 δαμάσκηνα, κομμένα στα τέσσερα (1 άπαχο)
- 1 κουταλιά της σούπας σχοινόπρασο, ψιλοκομμένο (1/4 πράσινο)
- Μια πρέζα νιφάδες κόκκινης πιπεριάς, θρυμματισμένες (1/4 καρύκευμα)

ΟΔΗΓΙΕΣ:
α) Τυλίγουμε κάθε τέταρτο δαμάσκηνου σε μια φέτα προσούτο, τα τακτοποιούμε όλα σε μια πιατέλα, πασπαλίζουμε παντού το σχοινόπρασο και τις νιφάδες πιπεριάς και σερβίρουμε.

10. Ρολά ζυμαρικών με κρεμώδη σάλτσα ντομάτας

Κάνει: 8 μερίδες

ΣΥΣΤΑΤΙΚΑ:
- 2 Ζυμαρικά; φρέσκο 9 x 12
- 6 ουγγιές Προσούτο? σε λεπτές φέτες
- 1 κιλό σπανάκι? φύλλα μόνο, ατμός
- 4 ουγγιές τυρί Ricotta
- 2 ουγγιές τυρί μοτσαρέλα
- 4 κουταλιές της σούπας τυρί Reggiano παρμεζάνα
- Αλας
- Πιπέρι
- Μοσχοκάρυδο
- Κρεμώδης σάλτσα ντομάτας
- 35 ουγγιές Plum ντομάτα? στραγγισμένο
- 3 κουταλιές της σούπας γλυκό βούτυρο
- 2 Med κρεμμύδι? ψιλοκομμένο
- 1 φλιτζάνι λευκό ξηρό κρασί
- 2 φλιτζάνια ζωμός κοτόπουλου
- 1 φλιτζάνι βαριά κρέμα

ΟΔΗΓΙΕΣ:
a) Φέρτε μια τεράστια κατσαρόλα με αλατισμένο νερό να βράσει. Ρίξτε μέσα τα ζυμαρικά και μαγειρέψτε για περίπου 2 λεπτά.
b) Αφαιρέστε τα φύλλα από το νερό και ξεπλύνετε προσεκτικά από τη λαβή και στη συνέχεια τοποθετήστε τα σε φύλλα πλαστικής μεμβράνης. Στεγνώστε το πάνω μέρος του φύλλου με χαρτοπετσέτα και σκεπάστε τα ζυμαρικά με τα προσούτο σε 1 στρώση.
c) Απλώνουμε το μείγμα σπανάκι/τυρί πάνω από τα προσούτο και τυλίγουμε σε ρολό με την πλευρά 6".
d) Χρησιμοποιήστε το πλαστικό περιτύλιγμα για να σας βοηθήσει να το τυλίξετε σφιχτά και στη συνέχεια τυλίξτε το ρολό στην πλαστική μεμβράνη και βάλτε το στο ψυγείο μέχρι να είστε έτοιμοι για χρήση.
ΣΑΛΤΣΑ:

e) Λιώστε το βούτυρο σε μεγάλο τηγάνι και σοτάρετε τα κρεμμύδια μέχρι να αρχίσουν να ροδίζουν.

f) Προσθέστε το κρασί στο τηγάνι, αφήστε το μείγμα να πάρει βράση και μειώστε τα υγρά σε περίπου ¼ φλιτζάνι.

g) Προσθέστε το ζωμό κοτόπουλου και επαναφέρετε το μείγμα σε βράση.

h) Μειώστε αυτό το μείγμα μέχρι να γίνει περίπου ½ φλιτζάνι. Πιέστε τις στραγγισμένες ντομάτες με τα δάχτυλά σας για να σπάσουν και προσθέστε τις στα μειωμένα υγρά στο τηγάνι, αφήστε να πάρουν μια βράση και χαμηλώστε τη φωτιά και σιγοβράστε για περίπου 30 λεπτά, προσέχοντας προσεκτικά και ανακατεύοντας συχνά.

i) Προσθέστε παχύρρευστη κρέμα, συνεχίστε το μαγείρεμα αργά για 10 λεπτά.

j) Δοκιμάστε, προσαρμόστε το καρύκευμα με αλάτι και πιπέρι.

ΣΥΝΕΛΕΥΣΗ:

k) Αφαιρέστε τα ρολά ζυμαρικών από την πλαστική μεμβράνη και βάλτε τα στο τηγάνι με τη σάλτσα.

l) Όταν ζεσταθεί, κόβουμε κάθε άκρη του ρολού για να γίνει ομοιόμορφο.

m)   Στη συνέχεια κόβουμε το ρολό σε 3 ίσα κομμάτια.

n) Για να σερβίρετε, βάλτε μια λίμνη σάλτσας στον πάτο του πιάτου και βάλτε 2 ή 3 κομματάκια ρολό ζυμαρικών σε κάθε πιάτο, με την πλευρά του τροχού προς τα πάνω.

o) Πασπαλίστε με τριμμένο τυρί αν σας αρέσει και απολαύστε.

11.   Αλμυροί ρόδες προσούτο

Κάνει: 24 μερίδες

ΣΥΣΤΑΤΙΚΑ:

- 2 κουταλάκια του γλυκού Παγωμένη σφολιάτα
- ½ κιλά προσούτο σε λεπτές φέτες. διαιρεμένος
- 3 ουγγιές φρεσκοτριμμένη παρμεζάνα. διαιρεμένος
- 1 βάζο Γλυκό-ζεστή μουστάρδα - (4 oz); διαιρεμένος
- 1 αυγό? χτυπημένος με
- 2 κουταλιές της σούπας Νερό

ΟΔΗΓΙΕΣ:

a) Ξεπαγώστε τη σφολιάτα σε θερμοκρασία δωματίου για 20 έως 30 λεπτά. Αλευρώνουμε ελαφρά και ανοίγουμε ένα φύλλο ζύμης σε περίπου 12 επί 15 ίντσες. Αλείφουμε φύλλο ζαχαροπλαστικής με τη μισή μουστάρδα. Από πάνω ρίχνουμε το μισό προσούτο, σε μονές στρώσεις. Πασπαλίζουμε το προσούτο με τη μισή παρμεζάνα. Πιέστε το τυρί με τα δάχτυλά σας ή μια σπάτουλα. Τυλίξτε τη ζύμη σε μια σπείρα.

b) Αλείψτε τις άκρες με λίγο νερό και πιέστε για να σφραγιστούν. Χρησιμοποιώντας ένα οδοντωτό μαχαίρι, κόψτε το ρολό σε τροχούς καρφίτσας μιας ίντσας. Τοποθετήστε ρόδες σε ένα ταψί και πιέστε τους με τον πάτο ενός ποτηριού ή το πίσω μέρος μιας σπάτουλας.

c) Επαναλάβετε για το δεύτερο φύλλο σφολιάτας και μετά βάζετε στο ψυγείο τις ρόδες για 15 λεπτά. Αλείφουμε τους τροχούς με αυγολέμονο και ψήνουμε σε προθερμασμένο φούρνο στους 400 βαθμούς για δέκα λεπτά. Γυρίστε και ψήστε άλλα πέντε με δέκα λεπτά ή μέχρι να ροδίσουν.

12. Καρύδι, Σύκο και Κροστίνι Προσούτο

Κάνει περίπου: 12

ΣΥΣΤΑΤΙΚΑ:
- 1 καρβέλι ψωμί τσιαμπάτα, κομμένο σε φέτες πάχους ½ ίντσας
- Εξτρα παρθένο ελαιόλαδο
- 12 φέτες προσούτο
- ¼ φλιτζανιού φρυγανισμένα καρύδια, ψιλοκομμένα
- Εξτρα παρθένο ελαιόλαδο
- 6 ώριμα σύκα, κομμένα στη μέση
- 1 ματσάκι φρέσκο μαϊντανό
- 1 σκελίδα σκόρδο, κομμένη σε φέτες
- Φρεσκοτριμμένο μαύρο πιπέρι
- 6 κουταλιές της σούπας ξύδι βαλσάμικο

ΟΔΗΓΙΕΣ:
a) Προθερμάνετε ένα τηγάνι γκριλ και ψήστε τις φέτες τσιαμπάτα.
b) Τρίψτε απαλά την κομμένη πλευρά του σκόρδου στο τσιαμπάτα.
c) Περιχύστε με εξαιρετικό παρθένο ελαιόλαδο.
d) Τοποθετήστε ένα κομμάτι προσούτο και ένα μισό σύκο πάνω από κάθε ζεστό κροστίνι σας.
e) Περιχύνουμε με μαϊντανό και καρύδια και περιχύνουμε με περισσότερο έξτρα παρθένο ελαιόλαδο.
f) Προσθέστε μια δόση βαλσάμικο ξύδι και αλατοπιπερώστε με φρεσκοτριμμένο μαύρο πιπέρι πριν το σερβίρετε.

13. Salami και Brie Crostini

Κάνει: 4 έως 6 μερίδες

ΣΥΣΤΑΤΙΚΑ:
- 1 γαλλική μπαγκέτα, κομμένη σε 4-6 χοντρά κομμάτια
- 8 ουγγιές στρογγυλό τυρί Brie, κομμένο σε λεπτές φέτες
- Συσκευασία Προσούτο 4 ουγκιών
- ½ φλιτζάνι σάλτσα κράνμπερι
- ¼ φλιτζάνι ελαιόλαδο
- Φρέσκια μέντα

ΒΑΛΣΑΜΙΚΟ ΓΛΑΣΟ:
- 2 κουταλιές της σούπας καστανή ζάχαρη
- ¼ φλιτζάνι βαλσάμικο ξύδι

ΟΔΗΓΙΕΣ:
ΒΑΛΣΑΜΙΚΟ ΓΛΑΣΟ:
a) Σε μια κατσαρόλα σε χαμηλή φωτιά προσθέτουμε την καστανή ζάχαρη και ένα φλιτζάνι βαλσάμικο.

b) Σιγοβράζουμε μέχρι να πήξει το ξύδι.

c) Κατεβάζουμε το γλάσο από τη φωτιά και το αφήνουμε να κρυώσει. Θα πήξει καθώς κρυώνει.

ΓΙΑ ΣΥΝΑΡΜΟΛΟΓΗΣΗ:
d) Αλείφουμε ελαφρά τη μπαγκέτα με ελαιόλαδο και τη φρυγανίζουμε στο φούρνο για 8 λεπτά.

e) Απλώστε το μπρι στο ψωμί.

f) Προσθέστε ένα ελεύθερο κουταλάκι του γλυκού σάλτσα cranberry και προσούτο από πάνω.

g) Περιχύνουμε με λίγο γλάσο βαλσάμικο και μετά φύλλα μέντας.

h) Σερβίρετε αμέσως.

14. <u>Proscuitto και Mozarella Bruschetta</u>

Κάνει: 3 μερίδες

ΣΥΣΤΑΤΙΚΑ:
- ½ φλιτζάνι ντομάτες ψιλοκομμένες
- 3 ουγκιές μοτσαρέλα ψιλοκομμένη
- 3 φέτες προσούτο, ψιλοκομμένες
- 1 κουταλιά της σούπας ελαιόλαδο
- 1 κουταλάκι ξερό βασιλικό
- 6 μικρές φέτες γαλλικό ψωμί

ΟΔΗΓΙΕΣ:
a) Προθερμάνετε τη φριτέζα αέρα στους 350 βαθμούς Φ. Τοποθετήστε τις φέτες ψωμιού και φρυγανίστε για 3 λεπτά. Γεμίστε το ψωμί με ντομάτες, προσούτο και μοτσαρέλα. Πασπαλίστε το βασιλικό πάνω από τη μοτσαρέλα. Περιχύνουμε με ελαιόλαδο.

b) Επιστρέψτε στη φριτέζα και μαγειρέψτε για 1 λεπτό ακόμα, αρκεί να λιώσει και να ζεσταθεί.

15. <u>Μέντα γαρίδες</u>

Κάνει: 16

ΣΥΣΤΑΤΙΚΑ:
- 2 κουταλιές της σούπας ελαιόλαδο
- 10 ουγγιές γαρίδες, μαγειρεμένες
- 1 κουταλιά της σούπας δυόσμο, ψιλοκομμένο
- 2 κουταλιές της σούπας ερυθριτόλη
- ⅓ φλιτζάνι βατόμουρα, αλεσμένα
- 2 κουταλάκια του γλυκού σκόνη κάρυ
- 11 φέτες προσούτο
- ⅓ φλιτζάνι ζωμός λαχανικών

ΟΔΗΓΙΕΣ:
a) Ρίξτε λάδι πάνω από κάθε γαρίδα αφού την τυλίξετε σε φέτες προσούτο.
b) Στην κατσαρόλα σας, συνδυάστε βατόμουρα, κάρυ, μέντα, ζωμό και ερυθριτόλη, ανακατέψτε και μαγειρέψτε για 2 λεπτά σε χαμηλή φωτιά.
c) Προσθέστε το καλάθι του ατμού και τις τυλιγμένες γαρίδες στην κατσαρόλα, σκεπάστε και μαγειρέψτε για 2 λεπτά σε δυνατή φωτιά.
d) Τοποθετήστε τις τυλιγμένες γαρίδες σε ένα πιάτο και περιχύστε με σάλτσα μέντας πριν τις σερβίρετε.

16. Αχλάδι, Ραπανάκι Μικροπράσινο & Δάγκωμα Προσούτο

Κάνει: 18 μπουκιές

ΣΥΣΤΑΤΙΚΑ:
- 8 ουγγιές μαλακό κατσικίσιο τυρί
- 6 ουγγιές προσούτο, κομμένο σε λωρίδες
- Συσκευασία 2 ουγκιών μικροπράσινα ραπανάκι
- ¼ φλιτζάνι φρεσκοστυμμένο χυμό λεμονιού
- 2 αχλάδια, κομμένα σε φέτες

ΟΔΗΓΙΕΣ:
a) Περιχύστε χυμό λεμονιού πάνω από κάθε φέτα αχλαδιού.

b) Στη μισή φέτα αχλαδιού απλώστε ¼ κουταλάκι του γλυκού μαλακό κατσικίσιο τυρί και μετά εναλλάξτε τα υλικά με το άλλο μισό.

c) Απλώστε άλλο ένα ¼ κουταλάκι του γλυκού μαλακό κατσικίσιο τυρί πάνω από την επάνω φέτα αχλαδιού, ακολουθούμενη από μια διπλωμένη λωρίδα προσούτο και ένα απαλό κατσικίσιο τυρί και μετά τα μικροπράσινα ραπανάκι.

d) Συγκεντρώστε τις υπόλοιπες φέτες αχλαδιού και σερβίρετε με περισσότερα μικροπράσινα ραπανάκι από πάνω.

17. Κύπελλο προσούτο για μάφιν

ΣΥΣΤΑΤΙΚΑ:

- 1 φέτα προσούτο (περίπου 1/2 ουγκιά)
- 1 μέτριο κρόκο αυγού
- 3 κουταλιές της σούπας Brie σε κύβους
- 2 κουταλιές της σούπας τυρί μοτσαρέλα σε κύβους
- 3 κουταλιές της σούπας τριμμένη παρμεζάνα

ΟΔΗΓΙΕΣ:

a) Προθερμάνετε το φούρνο στους 350°F. Βγάζετε μια φόρμα για μάφιν με λακκούβες περίπου 2$1/_2$"πλατύς και 1$1/_2$"βαθιά.

b) Διπλώστε τη φέτα του προσούτο στη μέση ώστε να γίνει σχεδόν τετράγωνο. Το τοποθετούμε σε φόρμα για μάφινς καλά να στρωθεί εντελώς.

c) Τοποθετήστε τον κρόκο του αυγού στο φλιτζάνι του προσούτο.

d) Προσθέστε τυριά πάνω από τον κρόκο αυγού απαλά χωρίς να τον σπάσετε.

e) Ψήνουμε για περίπου 12 λεπτά μέχρι να ψηθεί ο κρόκος και να είναι ζεστός αλλά να είναι ακόμα ρευστός.

f) Αφήνουμε να κρυώσει 10 λεπτά πριν τα βγάλουμε από τη φόρμα για μάφιν.

18.   Μπαλάκια προσούτο αβοκάντο

ΣΥΣΤΑΤΙΚΑ:

- 1/2 φλιτζάνι παξιμάδια μακαντάμια
- 1/2 μεγάλο αβοκάντο, ξεφλουδισμένο και χωρίς κουκούτσι (περίπου 4 ουγγιές πολτός)
- 1 ουγγιά μαγειρεμένο προσούτο, θρυμματισμένο
- 1/4 κουταλάκι του γλυκού μαύρο πιπέρι

ΟΔΗΓΙΕΣ:

a) Σε ένα μικρό πολυμηχάνημα, χτυπήστε τα καρύδια macadamia μέχρι να θρυμματιστούν ομοιόμορφα. Διαιρέστε στη μέση.

b) Σε ένα μικρό μπολ, συνδυάστε το αβοκάντο, τα μισά καρύδια μακαντάμια, το προσούτο θρυμματισμένο και το πιπέρι και ανακατέψτε καλά με ένα πιρούνι.

c) Πλάθετε το μείγμα σε 6 μπάλες.

d) Τοποθετήστε τα υπόλοιπα θρυμματισμένα παξιμάδια macadamia σε ένα μεσαίο πιάτο και τυλίξτε τα μεμονωμένα μπαλάκια για να επικαλυφθούν ομοιόμορφα.

e) Σερβίρετε αμέσως.

19. Τσιπς προσούτο

ΣΥΣΤΑΤΙΚΑ
- 12 (1 ουγγιά) φέτες προσούτο
- Λάδι

ΟΔΗΓΙΕΣ:
a) Προθερμάνετε το φούρνο στους 350°F.
b) Στρώνουμε ένα ταψί με λαδόκολλα και απλώνουμε φέτες προσούτο σε μία στρώση. Ψήνουμε για 12 λεπτά ή μέχρι να γίνει τραγανό το προσούτο.
c) Αφήστε να κρυώσει τελείως πριν φάτε.

20. Σάντουιτς μαρουλιού με χαμηλούς υδατάνθρακες

Κατασκευάζει: 1 ΑΤΟΜΟ

ΣΥΣΤΑΤΙΚΑ:
- 8 μαρούλι iceberg
- 1 κουταλιά της σούπας σπιτική μαγιονέζα
- 1 κουταλάκι του γλυκού κίτρινη μουστάρδα
- 3 φέτες προσούτο
- 2 φέτες ζαμπόν βιολογικό
- 3 φέτες βιολογικό στήθος κοτόπουλου
- 5 φέτες αγγούρι
- 8 ντοματίνια κομμένα στη μέση
- 1 κομμάτι λαδόκολλα

ΟΔΗΓΙΕΣ:

a) Σε ένα ξύλο κοπής, τοποθετήστε το λαδόκολλα. Στρώνουμε 5 έως 8 φύλλα μαρουλιού στη μέση του λαδόκολλου και οι πλευρές των φύλλων μαρουλιού πρέπει να είναι το ένα πάνω στο άλλο, αφήνοντας κανένα κενό μεταξύ των μαρουλιών. Στρώνουμε την επικάλυψη αλείφοντας πρώτα τη μουστάρδα και τη μαγιονέζα.

b) εναέρια όψη του περιτυλίγματος μαρουλιού σε μια ξύλινη σανίδα

c) Στη συνέχεια, προσθέστε το προσούτο και τις φέτες του κρέατος (ζαμπόν και στήθος κοτόπουλου), τις φέτες αγγουριού και τα ντοματίνια.

d) εναέρια όψη του τυλίγματος μαρουλιού με αλλαντικά σε μια ξύλινη σανίδα

e) Τυλίξτε τα περιτυλίγματα μαρουλιού χρησιμοποιώντας την περγαμηνή ως βάση σας. Τυλίξτε το περιτύλιγμα μαρουλιού όσο πιο σφιχτό γίνεται.

f) εναέρια όψη περιτυλίγματος μαρουλιού με κρέας, αγγούρι και ντοματίνια σε ξύλινη σανίδα

g) Στα μισά του ρολού, διπλώστε τις άκρες των περιτυλιγμάτων προς το κέντρο και συνεχίστε το ρολό σαν μπουρίτο. Όταν τυλιχτεί τελείως, κυλήστε την υπόλοιπη περγαμηνή γύρω από το μαρούλι.

h) εναέρια όψη του περιτυλίγματος μαρουλιού με κρέας ντελικατέσεν σε μια ξύλινη σανίδα που τυλίγεται

i) Χρησιμοποιώντας ένα μαχαίρι, κόψτε το περιτύλιγμα μαρουλιού και απολαύστε το!

j) κοντινό πλάνο ενός σάντουιτς περιτυλίγματος μαρουλιού

21. Μπουκιές από κολοκυθάκια τυλιγμένα με προσούτο

ΚΑΝΕΙ: 18 ΜΕ 20 ΡΟΛΟ

ΣΥΣΤΑΤΙΚΑ:

● 4 μικρά ή 2 μέτρια κολοκυθάκια, κομμένα κατά μήκος σε πολύ λεπτές κορδέλες
● 1 κουταλιά της σούπας έξτρα παρθένο ελαιόλαδο
● Αλάτι Kosher και φρεσκοτριμμένο πιπέρι
● 6 ουγγιές κατσικίσιο τυρί
● 1 κουταλιά της σούπας φρέσκο θυμάρι, συν περισσότερο για το σερβίρισμα
● 2 κουταλάκια του γλυκού μέλι, συν περισσότερο για το σερβίρισμα
● Ξύσμα από ½ λεμόνι
● ¼ κούπας λιαστές ντομάτες συσκευασμένες σε λάδι, στραγγισμένες και ψιλοκομμένες
● ¼ φλιτζάνι φύλλα φρέσκου βασιλικού, ψιλοκομμένα
● 10 λεπτές φέτες προσούτο, κομμένες στη μέση κατά μήκος

ΟΔΗΓΙΕΣ:

a) Προθερμάνετε το φούρνο στους 425°F. Στρώνουμε ένα φύλλο ψησίματος με λαδόκολλα.

b) Σε ένα μεγάλο μπολ, ρίξτε τις κορδέλες κολοκυθιού με ελαιόλαδο και μια πρέζα αλάτι και πιπέρι.

c) Σε ένα μικρό μπολ ανακατεύουμε το κατσικίσιο τυρί, το θυμάρι, το μέλι, το ξύσμα λεμονιού, τις λιαστές ντομάτες, τον βασιλικό και μια πρέζα αλάτι και πιπέρι.

d) Δουλεύοντας με ένα κάθε φορά, απλώστε μια κορδέλα κολοκυθιού σε μια καθαρή επιφάνεια εργασίας. Ρίξτε 1 κουταλιά της σούπας από το μείγμα τυριών στη μία άκρη και τυλίξτε την κορδέλα. Τυλίξτε ένα κομμάτι προσούτο γύρω από τα κολοκυθάκια για να τα στερεώσετε. Τοποθετήστε τα ρολά με τη ραφή προς τα κάτω στο έτοιμο ταψί. Επαναλάβετε με τις υπόλοιπες κολοκυθοκορδέλες.

e) Ψήνουμε μέχρι να γίνει τραγανό το προσούτο, για 20 με 25 λεπτά. Τα ρολά θα στραγγίσουν λίγο. αυτό είναι εντάξει. Αφήστε τα να στρωθούν στο ταψί για 6 λεπτά πριν τα σερβίρετε πασπαλισμένα με φρέσκο θυμάρι και περιχυμένα με μέλι.

22. Μπολ σούσι ζαμπόν και ροδάκινου

ΣΥΣΤΑΤΙΚΑ:

- 2 φλιτζάνια παρασκευασμένο (400 g) Παραδοσιακό ρύζι σούσι ή γρήγορο και εύκολο ρύζι σούσι μικροκυμάτων
- 1 μεγάλο ροδάκινο, ξεσποριασμένο και κομμένο σε 12 φέτες
- ½ φλιτζάνι (125 ml) ντρέσινγκ ρυζιού σούσι
- ½ κουταλάκι του γλυκού σάλτσα τσίλι σκόρδου
- Πιτσιλιά σκουρόχρωμου σησαμέλαιου
- 4 ουγκιές. (125 g) προσούτο, κομμένο σε λεπτές λωρίδες
- 1 μάτσο κάρδαμο, αφαιρούνται τα χοντρά κοτσάνια

ΟΔΗΓΙΕΣ:

a) Ετοιμάστε το Sushi Rice και το επιπλέον Sushi Rice Dressing.

b) Τοποθετήστε τις φέτες ροδάκινου σε ένα μεσαίο μπολ. Προσθέστε το Sushi Rice Dressing, τη σάλτσα τσίλι σκόρδου και το σκούρο σησαμέλαιο. Ρίξτε καλά τα ροδάκινα στη μαρινάδα, πριν τα καλύψετε. Αφήνουμε τα ροδάκινα να δέσουν σε θερμοκρασία δωματίου στη μαρινάδα για τουλάχιστον 30 λεπτά και μέχρι 1 ώρα.

c) Συγκεντρώστε 4 μικρά μπολ σερβιρίσματος. Βρέξτε τα δάχτυλά σας πριν βάλετε ½ φλιτζάνι (100 g) από το έτοιμο ρύζι σούσι σε κάθε μπολ. Ισιώνουμε απαλά την επιφάνεια του ρυζιού. Χωρίστε ομοιόμορφα τις επικαλύψεις σε ένα ελκυστικό σχέδιο πάνω από την κορυφή κάθε μπολ, επιτρέποντας 3 φέτες ροδάκινου ανά μερίδα. (Μπορείτε να στραγγίσετε το μεγαλύτερο μέρος του υγρού από τα ροδάκινα πριν βάλετε τα μπολ, αλλά μην τα στεγνώσετε.)

d) Σερβίρετε με ένα πιρούνι και σάλτσα σόγιας για βουτιά, αν θέλετε.

23. Σπαράγγια τυλιγμένα με ζαμπόν Πάρμας

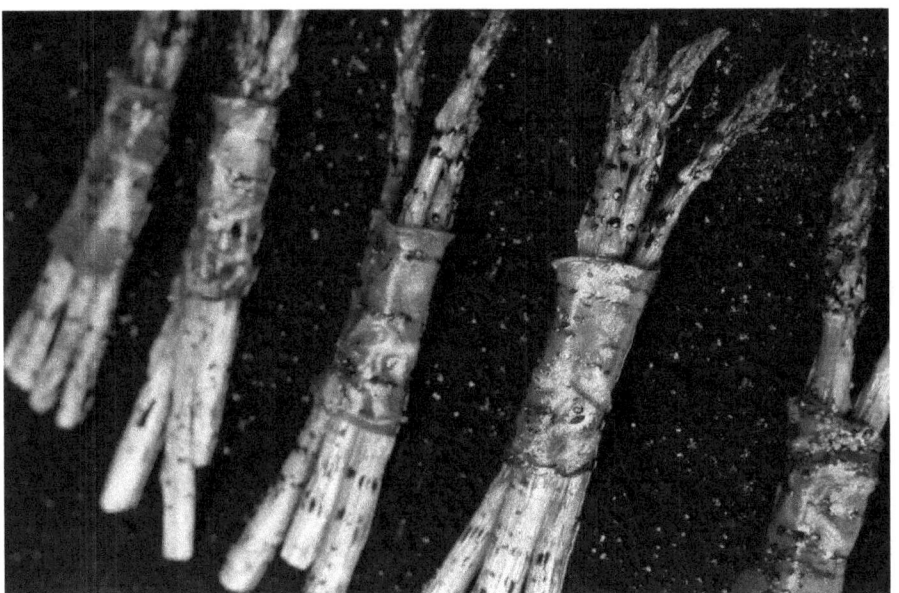

Κάνει: 2

ΣΥΣΤΑΤΙΚΑ:
- 8 λόγχες σπαραγγιών
- 8 φέτες ζαμπόν Πάρμας
- 2 κουταλιές της σούπας ελαιόλαδο
- 2 κουταλιές της σούπας παρμεζάνα, τριμμένη

ΟΔΗΓΙΕΣ:
a) Προθερμαίνουμε τον Ξυλόφουρνο σε μέτρια προς υψηλή θερμοκρασία.

b) Σε μια κατσαρόλα ζεματίζουμε τα σπαράγγια, βάζοντάς τα σε βραστό νερό για δύο λεπτά, αφαιρώντας τα και τοποθετώντας τα σε παγωμένο νερό ή κάτω από κρύο τρεχούμενο νερό.

c) Τοποθετήστε το Grizzler σας μέσα στον ξυλόφουρνο σας για να ζεσταθεί αφού προσθέσετε το ελαιόλαδο.

d) Τυλίξτε την άκρη του ζαμπόν Πάρμας γύρω από το δόρυ σπαραγγιών, κυλώντας το για να εγκλωβιστεί εντελώς το δόρυ μέσα στο ζαμπόν.

e) Βγάζετε το Grizzler από το φούρνο και τοποθετείτε τα τυλιγμένα σπαράγγια.

f) Πασπαλίζουμε με την παρμεζάνα τα σπαράγγια και επιστρέφουμε το Grizzler στο φούρνο.

g) Ψήστε για δύο λεπτά από κάθε πλευρά ή μέχρι να εμφανιστούν σημάδια ψησίματος και στις δύο πλευρές.

24. <u>Πιατέλα αντιπάστο με προσούτο και πεπόνι</u>

Κάνει: 12 μερίδες

ΣΥΣΤΑΤΙΚΑ:
- 8 ουγγιές προσούτο σε λεπτές φέτες
- Φύλλα μαρουλιού
- 2 φλιτζάνια πεπόνι μπάλες ή κύβους
- 1 φλιτζάνι φρέσκοι κύβοι ανανά
- ¼ φλιτζάνι αμύγδαλα ψιλοκομμένα, καβουρδισμένα
- 2 κουταλιές της σούπας ελαιόλαδο
- 2 κουταλιές της σούπας λευκό βαλσάμικο ξύδι
- 2 κουταλιές της σούπας μπλε τυρί τριμμένο

a) Τυλίξτε κάθε φέτα προσούτο και απλώστε σε μια μεγάλη πιατέλα σερβιρίσματος με επένδυση μαρουλιού.

b) Τοποθετήστε φρούτα και ξηρούς καρπούς γύρω από το προσούτο.

c) Ανακατέψτε το ελαιόλαδο και το βαλσάμικο και περιχύστε το μείγμα από όλα.

d) Πασπαλίζουμε με μπλε τυρί.

25. <u>Ψητές λαχανίδες και σύκα τυλιγμένα με προσούτο</u>

Κάνει: 4 μερίδες

ΣΥΣΤΑΤΙΚΑ:
4 ουγγιές Προσούτο ντι Πάρμα σε λεπτές φέτες
½ φλιτζάνι Εξαιρετικό παρθένο ελαιόλαδο
3 κουταλιές της σούπας ξύδι βαλσάμικο
½ κουταλάκι του γλυκού Αλάτι
¼ κουταλάκι του γλυκού Πιπέρι
10 ώριμα αλλά σταθερά σύκα Black Mission κομμένα κατά μήκος στη μέση
4 ουγγιές μανιτάρια Chanterelle σκουπισμένα
8 φλιτζάνια φύλλα ρόκας συσκευασμένα χαλαρά
¼ φλιτζάνι ανάμεικτα βρώσιμα λουλούδια (προαιρετικά)
1. Χρησιμοποιώντας ένα μικρό κοφτερό μαχαίρι, κόψτε είκοσι λωρίδες 3 επί 1 ίντσας από το προσούτο. Κόψτε το υπόλοιπο προσούτο σε λωρίδες 1 με ίντσα.
2. Σε ένα μικρό μπολ χτυπάμε με σύρμα το ελαιόλαδο, το βαλσάμικο, αλάτι και πιπέρι. Κρατήστε ένα φλιτζάνι από το ντρέσινγκ και αφήστε το στην άκρη. Ρίξτε την υπόλοιπη βινεγκρέτ σε ένα μέτριο μη αντιδραστικό μπολ. Προσθέστε τα μισά σύκα και τα μανιτάρια και ανακατέψτε απαλά. Αφήνουμε να μαριναριστούν για 30 λεπτά.
3. Ανάψτε μια σχάρα ή προθερμάνετε το κοτόπουλο. Αφαιρούμε τα μισά σύκα από τη μαρινάδα ένα-ένα και τυλίγουμε ξεχωριστά με τις μεγάλες λωρίδες προσούτο. Εναλλασσόμενοι με τα μανιτάρια, περάστε 5 από τα μισά τυλιγμένα σύκα σε καθένα από τα τέσσερα ξύλινα σουβλάκια μήκους 10 ιντσών.
Ψήνουμε στη σχάρα ή ψήνουμε για περίπου 1 λεπτό από κάθε πλευρά μέχρι να ροδίσουν ελαφρά.
Μεταφέρετε σε ένα πιάτο.
4. Σε μια μεγάλη σαλατιέρα, ρίξτε τη ρόκα με το κρατημένο dressing.
Μοιράστε σε 4 μεγάλα πιάτα σαλάτας. Αραδιάζουμε τα τυλιγμένα με προσούτο σύκα και τα μανιτάρια από 1 σουβλάκι σε κάθε σαλάτα. Γαρνίρουμε με βρώσιμο λουλούδι και τις υπόλοιπες μικρές φέτες προσούτο. Σερβίρετε αμέσως.

ΣΑΝΤΟΥΙΤΣ ΚΑΙ ΜΠΙΦΤΕΡ

26. Προζύμι, Προβολόνε, Πέστο

Κάνει: 16

ΣΥΣΤΑΤΙΚΑ:
- 1/2 φλιτζάνι Εξαιρετικό Παρθένο Ελαιόλαδο
- 8 φέτες ψωμί με προζύμι
- 1/4 φλιτζάνι πέστο
- 16 λεπτές φέτες τυρί Προβολόνε
- 12 λεπτές φέτες προσούτο
- 4 ολόκληρες, ψητές κόκκινες πιπεριές, ζουλιέν

ΟΔΗΓΙΕΣ:
a) Ζεστάνετε τη σχάρα Panini σύμφωνα με τις οδηγίες του κατασκευαστή.

b) Απλώστε το πέστο σε κάθε μισό ψωμί πριν βάλετε ½ τυρί, προσούτο, λωρίδες πιπεριάς και το υπόλοιπο τυρί στο κάτω μισό και κλείστε το για να φτιάξετε ένα σάντουιτς.

c) Βάλτε λίγο βούτυρο από πάνω και ψήστε αυτό το Panini στην προθερμασμένη σχάρα για περίπου 4 λεπτά ή μέχρι να ροδίσει το εξωτερικό του.

27. Σάντουιτς με κοτόπουλο Σιάτλ

Κάνει: 6

ΣΥΣΤΑΤΙΚΑ:
- 6 φέτες ιταλικό ψωμί
- 1/3 φλιτζάνι πέστο βασιλικού
- 3 ουγκιές. προσούτο σε φέτες, προαιρετικά
- 1 (14 oz.) κουτιά καρδιές αγκινάρας, στραγγισμένες και κομμένες σε φέτες
- 1 (7 oz.) βάζα ψητές κόκκινες πιπεριές, στραγγισμένες και κομμένες σε λωρίδες
- 12 ουγκιές. κοτόπουλο μαγειρεμένο, κομμένο σε λωρίδες
- 4 -6 oz. τριμμένο τυρί προβολόνε

ΟΔΗΓΙΕΣ:
a) Πριν κάνετε οτιδήποτε, προθερμάνετε το φούρνο στους 450 F.
b) Καλύψτε τη μία πλευρά κάθε φέτας ψωμιού με πέστο.
c) Τακτοποιήστε τις φέτες προσούτο ακολουθούμενες από φέτες αγκινάρας, λωρίδες κόκκινης πιπεριάς και λωρίδες κοτόπουλου πάνω από τις φέτες ψωμιού.
d) Απλώστε 6 κομμάτια αλουμινόχαρτου πάνω από ένα ξύλο κοπής. Τοποθετήστε κάθε σάντουιτς απαλά σε ένα κομμάτι αλουμινόχαρτο και στη συνέχεια τυλίξτε το γύρω του.
e) Τα βάζουμε σε ταψί και τα ψήνουμε στο φούρνο για 9 λεπτά.
f) Πετάξτε τα κομμάτια αλουμινόχαρτου και τοποθετήστε τα ανοιχτά σάντουιτς πίσω στο δίσκο.
g) Πασπαλίζουμε από πάνω τους το τριμμένο τυρί. Ψήνετε τα σάντουιτς στο φούρνο για επιπλέον 4 λεπτά.
h) Σερβίρετε τα σάντουιτς σας ζεστά με τα αγαπημένα σας toppings.
i) Απολαμβάνω.

28. Προσούτο και Ταλέγιο με Σύκα στο Μεσκλούν

Κάνει:4

ΣΥΣΤΑΤΙΚΑ:
- 8 πολύ λεπτές φέτες ψωμί με προζύμι ή μπαγκέτα
- 3 κουταλιές της σούπας έξτρα παρθένο ελαιόλαδο, χωρισμένες
- 3-4 ουγγιές προσούτο, κομμένο σε 8 φέτες
- 8 ουγγιές ώριμο τυρί Taleggio, κομμένο σε οκτώ κομμάτια πάχους ¼ ίντσας
- 4 μεγάλες χούφτες ανοιξιάτικο μείγμα σαλάτας (mesclun)
- 2 κουταλιές της σούπας φρέσκο σχοινόπρασο ψιλοκομμένο
- 2 κουταλιές της σούπας φρέσκο μοσχαράκι ψιλοκομμένο
- 1 κουταλιά της σούπας φρέσκο χυμό λεμονιού Αλάτι
- Μαύρο πιπέρι
- 6 ώριμα μαύρα σύκα, κομμένα στα τέσσερα
- 1-2 κουταλάκια του γλυκού ξύδι βαλσάμικο

ΟΔΗΓΙΕΣ:
a)   Αλείφουμε ελαφρά το ψωμί με μια μικρή ποσότητα ελαιόλαδου και το απλώνουμε σε ένα ταψί. 2 Προθερμάνετε το φούρνο στους 400°F. Τοποθετήστε το ψωμί στην ψηλότερη σχάρα και ψήστε για περίπου 5 λεπτά ή μέχρι να αρχίσουν να γίνονται τραγανά. Αφαιρέστε και αφήστε να κρυώσει, περίπου 10 λεπτά.

b)   Όταν κρυώσει, τυλίξτε τις φέτες προσούτο γύρω από τις φέτες Taleggio και βάλτε το καθένα πάνω από ένα κομμάτι ψωμί. Αφιερώστε λίγο χρόνο ενώ ετοιμάζετε τη σαλάτα.

c)   Ανακατέψτε τα χόρτα με περίπου 1 κουταλιά της σούπας ελαιόλαδο, το σχοινόπρασο και το μοσχοκάρυδο και μετά ρίξτε το χυμό λεμονιού, αλάτι και πιπέρι για γεύση. Αραδιάζουμε σε 4 πιάτα και γαρνίρουμε με τα τέταρτα σύκου.

d)   Αλείψτε τις κορυφές των τυλιγμένων με προσούτο δεμάτων με το υπόλοιπο ελαιόλαδο, στη συνέχεια τοποθετήστε το σε ένα μεγάλο αντικολλητικό τηγάνι και ψήστε για 5 έως 7 λεπτά ή μέχρι να αρχίσει να στάζει το τυρί και το προσούτο να γίνει τραγανό γύρω από τις άκρες.

e)   Αφαιρέστε γρήγορα τα δέματα και τακτοποιήστε σε κάθε σαλάτα και στη συνέχεια ανακινήστε το βαλσάμικο ξύδι στο ζεστό τηγάνι. Στριφογυρίζουμε ώστε να ζεσταθεί και μετά περιχύνουμε τις σαλάτες και τις φρυγανιές. Σερβίρετε αμέσως.

29. Τυρί σχάρας προσούτο βασιλικού φράουλα

ΣΥΣΤΑΤΙΚΑ:
- 12 ουγκιές. Μοτσαρέλα φρέσκια, κομμένη σε φέτες
- 8 φέτες άσπρο ψωμί, κομμένες χοντρά
- 2 κουταλιές της σούπας μαλακωμένο βούτυρο
- 8 φρέσκες φράουλες (μέτριες προς μεγάλες), κομμένες σε λεπτές φέτες
- 12 φύλλα φρέσκου βασιλικού, ολόκληρα
- 8 φέτες προσούτο, κομμένες
- 2 ουγκιές. γλάσο βαλσάμικο

ΟΔΗΓΙΕΣ:
a) Απλώστε τις φέτες ψωμί και το βούτυρο στη μία πλευρά της καθεμίας.

b) Από την αβουτυρωμένη πλευρά, στρώστε φρέσκια μοτσαρέλα, φράουλες, φύλλα βασιλικού και προσούτο. Περιχύστε με γλάσο βαλσάμικο? Τοποθετήστε το υπόλοιπο ψωμί από πάνω και μεταφέρετε σε ένα προθερμασμένο αντικολλητικό τηγάνι.

c) Μαγειρέψτε για περίπου ένα λεπτό, πιέζοντας προς τα κάτω με μια σπάτουλα. Γυρίστε και επαναλάβετε μέχρι να ροδίσει.

d) Αφαιρούμε, περιχύνουμε με επιπλέον γλάσο βαλσάμικο από πάνω αν θέλουμε, κόβουμε και σερβίρουμε.

30. Μοτσαρέλα, προσούτο και μαρμελάδα σύκο

Κάνει:4

ΣΥΣΤΑΤΙΚΑ:
- 4 μαλακά γαλλικά ή ιταλικά ρολά (ή μισοψημένα αν υπάρχουν)
- 10-12 ουγκιές φρέσκια μοτσαρέλα, κομμένη σε χοντρές φέτες
- 8 ουγγιές προσούτο, κομμένο σε λεπτές φέτες
- ¼-½ φλιτζάνι μαρμελάδα σύκου ή κονσέρβες σύκου, για γεύση
- Μαλακό βούτυρο για άλειμμα στο ψωμί

ΟΔΗΓΙΕΣ:
a)   Χωρίζουμε κάθε ρολό και στρώνουμε με τη μοτσαρέλα και το προσούτο. Αλείφουμε τις επάνω φέτες με τη μαρμελάδα σύκο και μετά κλείνουμε.

b)   Βουτυρώνετε ελαφρά το εξωτερικό κάθε σάντουιτς.

c)   Ζεσταίνουμε ένα βαρύ αντικολλητικό τηγάνι ή μια πρέσα panini σε μέτρια προς δυνατή φωτιά. Τοποθετήστε τα σάντουιτς στο ταψί, δουλεύοντας σε δύο παρτίδες ανάλογα με το μέγεθος του ταψιού.

d)   Πάτα τοσάντουιτσή κλείνουμε τη σχάρα και ροδίζουμε, γυρίζοντας μία ή δύο φορές, μέχρι να γίνει τραγανό το ψωμί και να λιώσει το τυρί. Αν και τα ρολά ξεκινούν ως στρογγυλά, μόλις πιεστούν είναι πολύ πιο επίπεδα και μπορούν εύκολα να γυρίσουν, αν και προσεκτικά.

31.   Μποκαντίλο από το Νησί Ίμπιζα

Κάνει: 4

ΣΥΣΤΑΤΙΚΑ:
- 4 μεγάλα μαλακά επίπεδα ρολά γαλλικού ή ιταλικού στιλ
- 6-8 σκελίδες σκόρδο κομμένες στη μέση
- 4-6 κουταλιές της σούπας έξτρα παρθένο ελαιόλαδο
- 1 κουταλιά της σούπας πελτέ ντομάτας
- 2-3 μεγάλες ώριμες ντομάτες, κομμένες σε λεπτές φέτες
- Γενναιόδωρο πασπάλισμα αποξηραμένης ρίγανης
- 8 λεπτές φέτες ισπανικό jamon ή παρόμοιο ζαμπόν όπως προσούτο
- Περίπου 10 ουγγιές ήπιο και λιώσιμο, αλλά γευστικό τυρί, όπως Manchego, Idiazábal, Mahon ή ένα τυρί Καλιφόρνιας όπως το Ig Vella's semi secco ή το Jack
- Μικτές μεσογειακές ελιές

ΟΔΗΓΙΕΣ:

a)   Προθερμάνετε το κρεατοπαραγωγής.

b)   Ανοίξτε τα ρολά και φρυγανίστε ελαφρά από κάθε πλευρά κάτω από το κοτόπουλα κρεατοπαραγωγής.

c)   Τρίψτε το σκόρδο στην κομμένη πλευρά κάθε κομματιού ψωμιού.

d)   Περιχύνουμε με το ελαιόλαδο το αλεσμένο με σκόρδο ψωμί και αλείφουμε τα εξωτερικά με λίγο περισσότερο λάδι. Αλείφουμε ελαφρά με τον πελτέ ντομάτας και στη συνέχεια στρώνουμε τις κομμένες ντομάτες και τους χυμούς τους στα ρολά, πιέζοντας μέσα τον πελτέ και τις ντομάτες ώστε να απορροφηθούν οι χυμοί στο ψωμί.

e)   Πασπαλίζουμε με τριμμένη ρίγανη και στη συνέχεια στρώνουμε με το ζαμπόν και το τυρί. Κλείνουμε και πιέζουμε καλά και μετά αλείφουμε ελαφρά με ελαιόλαδο.

f)   Ζεσταίνουμε ένα βαρύ αντικολλητικό τηγάνι ή μια πρέσα panini σε μέτρια προς δυνατή φωτιά και μετά προσθέτουμε τα σάντουιτς. Εάν χρησιμοποιείτε τηγάνι, ζυγίστε τοσάντουιτς κάτω.

g)   Χαμηλώνουμε τη φωτιά σε μέτρια προς χαμηλή και μαγειρεύουμε μέχρι να ροδίσουν ελαφρά εξωτερικά και το τυρί να αρχίσει να λιώνει. Τυλίγουμε και ροδίζουμε από τη δεύτερη πλευρά.

h)   Κόβουμε στη μέση και σερβίρουμε αμέσως, μαζί με μια χούφτα ανάμεικτες ελιές.

32. Ντομάτα και τυρί Mahon στο ψωμί ελιάς

KANEI 4

ΣΥΣΤΑΤΙΚΑ:
- 10-12 φρέσκα, μικρά φύλλα φασκόμηλου
- 3 κουταλιές της σούπας ανάλατο βούτυρο
- 1 κουταλιά της σούπας έξτρα παρθένο ελαιόλαδο
- 8 φέτες χωριάτικο ψωμί
- 4 ουγγιές προσούτο, κομμένο σε λεπτές φέτες
- 10-12 ουγκιές τυρί βουνού με πλήρη γεύση, όπως φοντίνα, παλαιωμένο μποφόρ ή Emmentaler
- 2 σκελίδες σκόρδο, ψιλοκομμένες

ΟΔΗΓΙΕΣ:
a)   Σε ένα βαρύ αντικολλητικό τηγάνι, ανακατέψτε τα φύλλα φασκόμηλου, το βούτυρο και το ελαιόλαδο μαζί σε μέτρια προς χαμηλή φωτιά μέχρι να λιώσει το βούτυρο και να αφρίσει.

b)   Εν τω μεταξύ, απλώστε 4 φέτες ψωμί, από πάνω το προσούτο, μετά τη φοντίνα και μετά πασπαλίστε με σκόρδο. Τοποθετούμε από πάνω το υπόλοιπο ψωμί και πιέζουμε καλά.

c)   Τοποθετήστε απαλά τα σάντουιτς στο ζεστό μείγμα βουτύρου φασκόμηλου. μπορεί να χρειαστεί να τα κάνετε σε πολλές παρτίδες ή να χρησιμοποιήσετε 2 τηγάνια. Επηρεάζωένα βαρύ τηγάνι από πάνωγια να πιέσετε τα σάντουιτς προς τα κάτω. Μαγειρέψτε μέχρι να ροδίσει ελαφρά εξωτερικά και το τυρί να αρχίσει να λιώνει. Τυλίγουμε και ροδίζουμε από τη δεύτερη πλευρά.

d)   Σερβίρετε τα σάντουιτς ζεστά και τραγανά, κομμένα σε διαγώνια μισά. Είτε πετάξτε τα φύλλα φασκόμηλου ή τσιμπήστε τα, τραγανά και ροδισμένα.

33. Κουβανοί

Κάνει: 4

ΣΥΣΤΑΤΙΚΑ:
- 4 ρολά ηρώων (6 ιντσών).
- ¼ φλιτζάνι (½ ξυλάκι) ανάλατο βούτυρο, σε θερμοκρασία δωματίου
- 4 κουταλάκια του γλυκού μουστάρδα Dijon
- ¼ φλιτζάνι μαγιονέζα (αγορασμένη από το κατάστημα ή σπιτική)
- ½ κιλό ελβετικό τυρί σε λεπτές φέτες
- 1 φλιτζάνι πίκλες στραγγισμένες ή πίκλες άνηθου κομμένες σε λεπτές φέτες
- ½ κιλό σε λεπτές φέτες που περίσσεψε ψητό χοιρινό σπάλα (περίπου 6 φέτες)
- ½ κιλό κοτό προσούτο σε λεπτές φέτες

a) Βουτυρώνουμε το ψωμί. Κόβουμε τα ρολά στη μέση οριζόντια. Αλείφουμε το εξωτερικό κάθε μισού με βούτυρο. Τοποθετούμε σε λαμαρίνα, με την κομμένη πλευρά προς τα πάνω.

b) Φτιάξτε το σάντουιτς. Αλείψτε κάθε πάτο για ρολό με 1 κουταλάκι του γλυκού μουστάρδα και κάθε ρολό με 1 κουταλιά της σούπας μαγιονέζα. Κόβουμε τις φέτες τυριού στη μέση και τις μοιράζουμε στα ρολά. Ρίξτε από πάνω μια στρώση τουρσιά, ψητό χοιρινό και ζαμπόν. Σκεπάζουμε με τα ρολά.

c) Ψήνετε τα σάντουιτς. Ζεσταίνουμε ένα μεγάλο τηγάνι από χυτοσίδηρο σε μέτρια προς χαμηλή θερμοκρασία μέχρι να ζεσταθεί. Δουλεύοντας σε παρτίδες, εάν χρειάζεται, μεταφέρετε προσεκτικά τα σάντουιτς στο τηγάνι. Σκεπάζουμε με αλουμινόχαρτο και τοποθετούμε από πάνω μια μεγάλη βαριά κατσαρόλα.

d) Μαγειρέψτε, πιέζοντας κατά διαστήματα την κατσαρόλα, για 4 έως 5 λεπτά, μέχρι ο πάτος να ροδίσει και να γίνει τραγανός.

e) Γυρίστε τα σάντουιτς και αντικαταστήστε το αλουμινόχαρτο και τη βαριά κατσαρόλα.

f) Μαγειρέψτε για 4 με 5 λεπτά, μέχρι η δεύτερη πλευρά να ροδίσει και το τυρί να λιώσει πλήρως. Μεταφέρετε σε ξύλο κοπής και κόψτε τα σάντουιτς στη μέση υπό γωνία.

g) Μεταφέρουμε στα πιάτα σερβιρίσματος και σερβίρουμε.

34.   Σάντουιτς με σύκο και προσούτο

Φτιάχνει: 2 μερίδες

ΣΥΣΤΑΤΙΚΑ:
1 φραντζόλα δεντρολίβανο focaccia
3 Σύκα; κομμένο σε λεπτούς κύκλους
1 φέτα Προσούτο
1 χούφτα ρόκα πλυμένη
Ελαιόλαδο
Φρεσκοτριμμένο μαύρο πιπέρι; να δοκιμάσω

Κόφτε κάθετα 4 κομμάτια focaccia σε λεπτές φέτες. Τοποθετήστε μια στρώση από σύκα σε ένα κομμάτι focaccia. Προσθέστε μια φέτα προσούτο και μια χούφτα ρόκα.

Ραντίζουμε τη ρόκα με ελαιόλαδο. Καρυκεύουμε με πιπέρι για γεύση. Πιέστε σταθερά το σάντουιτς να ισιώσει. Κόβω στην μέση.

ΔΙΕΥΘΥΝΣΗ

35. <u>Ακτινίδια και γαρίδες</u>

Κάνει: 4 μερίδες

ΣΥΣΤΑΤΙΚΑ:
- 3 Ακτινίδια
- 3 κουταλιές της σούπας ελαιόλαδο
- 1 κιλό Γαρίδες, καθαρισμένες
- 3 κουταλιές της σούπας Αλεύρι
- ¾ φλιτζάνι Προσούτο, κομμένο σε λεπτές λωρίδες
- 3 ασκαλώνια, ψιλοκομμένα
- ⅓ κουταλάκι του γλυκού τσίλι σε σκόνη
- ¾ φλιτζάνι λευκό ξηρό κρασί

ΟΔΗΓΙΕΣ:
a) Ξεφλουδίστε το ακτινίδιο. Κρατήστε 4 φέτες για γαρνίρισμα και ψιλοκόψτε τα υπόλοιπα φρούτα. Σε ένα βαρύ τηγάνι ή γουόκ, ζεσταίνουμε το λάδι. Ρίχνουμε τις γαρίδες στο αλεύρι και τις σοτάρουμε για 30 δευτερόλεπτα.

b) Προσθέστε το προσούτο, τα ασκαλώνια και τη σκόνη τσίλι. Σοτάρουμε άλλα 30 δευτερόλεπτα. Προσθέστε το ψιλοκομμένο ακτινίδιο και σοτάρετε για 30 δευτερόλεπτα. Προσθέτουμε το κρασί και μειώνουμε στο μισό.

c) Σερβίρετε αμέσως.

36. Κοτολέτες Προσούτο & Πέστο

Κάνει: 2

ΣΥΣΤΑΤΙΚΑ:
- 4 φέτες προσούτο
- 4 κοτολέτες αρνιού
- 2 κουταλιές της σούπας πέστο βασιλικού

ΟΔΗΓΙΕΣ:
a) Ετοιμάστε τη φριτέζα αέρα προθερμαίνοντάς την στους 180ºC, για 3 λεπτά.
b) Στρώνουμε κοτολέτες στη φριτέζα και ψήνουμε στους 200ºC, για 5 λεπτά.
c) Απλώνουμε 4 λωρίδες προσούτο σε μια επιφάνεια και στρώνουμε κάθε κοτολέτα πάνω σε μια λωρίδα προσούτο.
d) Αλείφουμε με πέστο βασιλικού και τυλίγουμε το προσούτο γύρω από την κοτολέτα.
e) Επιστρέψτε στο καλάθι της φριτέζας για 7 λεπτά.

37. Κοτόπουλο γλασέ βαλσάμικο

Φτιάχνει: 4 Μερίδες

ΣΥΣΤΑΤΙΚΑ:

- 1 (3 1/2 έως 4 λίβρες) κοτόπουλο
- 2 σκελίδες σκόρδο, ψιλοκομμένες
- 4 κουταλιές της σούπας φύλλα δεντρολίβανου κομμένα σε κύβους
- 2 κουταλιές της σούπας φρεσκοτριμμένο μαύρο πιπέρι
- 1 κουταλάκι του γλυκού θαλασσινό αλάτι
- 3 κουταλιές της σούπας παρθένο ελαιόλαδο
- 2 ουγγιές φλούδα προσούτο
- 2 ουγγιές φλούδα παρμεζάνας
- 2 μέτρια Κόκκινο κρεμμύδι, χωρισμένο σε
- Δίσκοι 1 ίντσας
- 1 ποτήρι Lombroso
- 4 κουταλιές της σούπας ξύδι βαλσάμικο
- 6 μεγάλα Radicchio di Treviso
- 2 κουταλιές της σούπας εξαιρετικό παρθένο ελαιόλαδο

ΟΔΗΓΙΕΣ:

a) Ζεσταίνουμε το γκριλ στους 375 βαθμούς.

b) Ξεπλύνετε και στεγνώστε το κοτόπουλο. Βγάλτε τα εντόσθια και αφήστε τα στην άκρη.

c) Ψιλοκόψτε το σκόρδο, το δεντρολίβανο, το πιπέρι και το θαλασσινό αλάτι μαζί και ανακατέψτε με το παρθένο ελαιόλαδο. Τρίψτε το εξωτερικό του κοτόπουλου παντού με το μείγμα δεντρολίβανου. Τοποθετήστε το προσούτο και τη φλούδα της παρμεζάνας μέσα στην κοιλότητα και αφήστε το να καθίσει στο ψυγείο όλη τη νύχτα.

d) Τοποθετήστε δίσκους κρεμμυδιού και εντόσθια στον πάτο ενός μικρού ταψιού με βαρύ πάτο. Βάλτε το κοτόπουλο πάνω από τα κρεμμύδια, με το στήθος προς τα πάνω. Ρίξτε ένα ποτήρι Lombroso πάνω από τα κρεμμύδια και τρίψτε το κοτόπουλο παντού με 4 κουταλιές της σούπας ξύδι βαλσάμικο.

e) Τοποθετούμε σε γκριλ και ψήνουμε για 1 ώρα και 10 λεπτά.

f) Κόψτε το Radicchio στη μέση κατά μήκος και τοποθετήστε το στη σχάρα και ψήστε για 3 με 4 λεπτά ανά πλευρά. Βγάζουμε από τη σχάρα και αλείφουμε με έξτρα παρθένο ελαιόλαδο και αφήνουμε στην άκρη. Βγάλτε το πουλί από τη σχάρα και αφήστε το να ξεκουραστεί για 5 λεπτά. Μεταφέρετε το κοτόπουλο σε μια πιατέλα για σκάλισμα. Σε ένα πιάτο βάζουμε τα κρεμμύδια και τα εντόσθια μαζί με τους χυμούς. Χαράζουμε το κοτόπουλο, πασπαλίζουμε με το υπόλοιπο ξύδι και σερβίρουμε αμέσως.

38. Κοτόπουλο βασιλικός

Κάνει: 4

ΣΥΣΤΑΤΙΚΑ:
- 4 μισά στήθη κοτόπουλου χωρίς πέτσα και κόκαλα
- 1/2 φλιτζάνι έτοιμο πέστο βασιλικού, χωρισμένο
- 4 λεπτές φέτες προσούτο, ή περισσότερες αν χρειάζεται

ΟΔΗΓΙΕΣ:
a) Αλείψτε ένα ταψί με λάδι και μετά ρυθμίστε το φούρνο σας στους 400 βαθμούς πριν κάνετε οτιδήποτε άλλο.

b) Γεμίστε κάθε κομμάτι κοτόπουλου με 2 κουταλιές της σούπας πέστο και στη συνέχεια καλύψτε το καθένα με ένα κομμάτι προσούτο.

c) Στη συνέχεια, βάλτε τα όλα στο πιάτο.

d) Μαγειρέψτε τα πάντα στο φούρνο για 30 λεπτά μέχρι να γίνει πλήρως το κοτόπουλο.

e) Απολαμβάνω.

39. <u>Ορτύκια πάνω από λωρίδες λαχανικών και ζαμπόν</u>

ΣΥΣΤΑΤΙΚΑ:

- 4 Τ. φυτικό λάδι
- 1 t. φρέσκο τζίντζερ ψιλοκομμένο
- 3 ορτύκια, σπασμένα
- Αλατοπίπερο
- 3-4 Τ. ζωμός κότας
- 1 μέτριο κολοκυθάκι, κομμένο σε λεπτές λωρίδες
- 1 καρότο, ξύσμα και κομμένο σε λεπτές λωρίδες
- 4 ολόκληρα κρεμμύδια, κομμένα σε λεπτές λωρίδες
- 2 μεγάλα κοτσάνια μπρόκολου, καθαρισμένα και κομμένα σε λεπτές λωρίδες
- 2 ουγκιές. χωριάτικο ζαμπόν ή προσούτο, κομμένο σε λεπτές λωρίδες

ΟΔΗΓΙΕΣ:

a) Σε ένα μεγάλο τηγάνι ή γουόκ ζεσταίνουμε 2 κουταλιές της σούπας λάδι με το τζίντζερ.

b) Ροδίζουμε τα ορτύκια από όλες τις πλευρές. Τα αλατοπιπερώνουμε. Προσθέστε λίγο ζωμό, καλύψτε και σιγοβράστε στον ατμό για 15 λεπτά.

c) Αφαιρούμε τα ορτύκια με το ζουμί τους και τα κρατάμε ζεστά. Κάνει 2-3.

40. Κοτόπουλο & προσούτο με λαχανάκια Βρυξελλών

ΣΥΣΤΑΤΙΚΑ:

- 2 λίβρες. φιλέτα κοτόπουλου
- 4 ουγκιές. προσούτο
- 12 ουγκιές. Λαχανάκια Βρυξελλών
- 1/2 φλιτζάνι ζωμός κότας
- 1 1/2 φλιτζάνι παχύρρευστη κρέμα
- 1 κουταλάκι του γλυκού ψιλοκομμένο σκόρδο
- 1 λεμόνι, κομμένο στα τέσσερα και με σπόρους
- Γκι ή λάδι καρύδας για τηγάνισμα

ΟΔΗΓΙΕΣ:

a) Προθερμάνετε το φούρνο στους 400 βαθμούς Φ.

b) Κόβουμε τα λαχανάκια Βρυξελλών στη μέση και τα βράζουμε για 5 λεπτά. Αποσύρουμε από τη φωτιά και αφήνουμε στην άκρη.

c) Σε ένα τηγάνι προσθέτουμε 1/2 φλιτζάνι ζωμό κότας και αφήνουμε να πάρει μια βράση σε μέτρια θερμοκρασία. Στη συνέχεια, προσθέστε την κρέμα γάλακτος, το ψιλοκομμένο σκόρδο και το λεμόνι και αφήστε το να σιγοβράσει για 5-10 λεπτά ανακατεύοντας συχνά. Αποσύρουμε από τη φωτιά και αφήνουμε στην άκρη.

d) Σε ξεχωριστό τηγάνι ζεσταίνουμε λίγο γκι και προσθέτουμε το κοτόπουλο. Μαγειρέψτε σε μέτρια προς δυνατή φωτιά για αρκετά λεπτά και στη συνέχεια προσθέστε το ψιλοκομμένο προσούτο μέχρι να ψηθεί το κοτόπουλο.

e) Σε μια μικρή κατσαρόλα (9×9) και στρώστε από κάτω προς τα πάνω: λαχανάκια Βρυξελλών, κοτόπουλο, προσούτο, σάλτσα κρέμας λεμονιού από πάνω.

f) Ψήνουμε σε προθερμασμένο φούρνο για 20 λεπτά. Σερβίρετε ζεστό.

41. <u>Νόστιμο κρεατοκέφαλο</u>

ΣΥΣΤΑΤΙΚΑ:

- 7 ουγκιές προσούτο, κομμένο σε λεπτές φέτες
- 7 oz provolone, σε λεπτές φέτες
- 2 φλιτζάνια baby σπανάκι
- 1 φλιτζάνι σάλτσα ντομάτας
- ½ φλιτζάνι πελτέ ντομάτας
- 1 κουταλιά της σούπας μηλόξυδο
- 4 κουταλιές της σούπας στέβια
- 1 κιλό κιμά χοιρινό
- ½ κρεμμύδι, ψιλοκομμένο
- ½ φλιτζάνι πιπεριά, ψιλοκομμένη
- 2 σκελίδες σκόρδο, ψιλοκομμένες
- ¼ φλιτζάνι τυρί παρμεζάνα, τριμμένη
- 2 βιολογικά αυγά
- 1 κουταλάκι του γλυκού ρίγανη, ξερή
- 1 κουταλάκι του γλυκού βασιλικό, αποξηραμένος
- Αλάτι και πιπέρι για να γευτείς
- 1 κουταλιά της σούπας βούτυρο

ΟΔΗΓΙΕΣ:

a) Ρυθμίστε το φούρνο στους 350 F.

b) Λιώνουμε το βούτυρο σε ένα τηγάνι σε μέτρια φωτιά. Ρίχνουμε το baby σπανάκι και αλατοπιπερώνουμε. Μαγειρέψτε μέχρι να μαραθούν τα φύλλα.

c) Σε ένα μπολ συνδυάστε τη σάλτσα ντομάτας και τον πολτό, μαζί με τον μηλίτη μήλου και τη στέβια. Ανακατεύουμε και αφήνουμε στην άκρη.

d) Σε ένα άλλο μπολ, ανακατέψτε το χοιρινό, το κρεμμύδι, την πιπεριά, το σκόρδο, την παρμεζάνα και τα μυρωδικά. Ανακατέψτε καλά.

e) Στρώνουμε μια λαδόκολλα περίπου 10 εκατοστά και απλώνουμε από πάνω το κρέας. Τοποθετήστε το προσούτο από πάνω και μετά το σπανάκι και το προβολόνε για να δημιουργήσετε μια φρυγανιά. Πλαϊνά στεγανοποιητικά.

f) Σε ένα ταψί στρωμένο με αλουμινόχαρτο τοποθετούμε το φιλέτο και περιχύνουμε με τη σάλτσα ντομάτας.

g) Ψήνετε στο φούρνο για λίγο περισσότερο από μία ώρα ή μέχρι η εσωτερική θερμοκρασία να φτάσει τους 165 F.

42. Προσούτο στήθους πάπιας

ΣΥΣΤΑΤΙΚΑ:

- 2 στήθη πάπιας
- ½ φλιτζάνι ανοιχτή καστανή ζάχαρη
- ¼ φλιτζάνι αλάτι kosher
- 2 κουταλάκια του γλυκού ψιλοκομμένο ξύσμα πορτοκαλιού
- 2 κουταλάκια του γλυκού αλεσμένο κόλιανδρο
- 1 κουταλάκι του γλυκού αλεσμένο φασκόμηλο
- 1 κουταλάκι του γλυκού φρεσκοτριμμένο μαύρο πιπέρι

ΟΔΗΓΙΕΣ:

a) Χαράξτε διαγώνια την πλευρά του δέρματος του στήθους πάπιας τραβώντας ελαφρά ένα πολύ κοφτερό μαχαίρι κατά μήκος του δέρματος και μέσα από το λίπος καπάκι, κάνοντας τα κοψίματα να απέχουν περίπου ½ ίντσα μεταξύ τους.

b) Συνδυάστε τη ζάχαρη, το αλάτι, το ξύσμα πορτοκαλιού, τον κόλιανδρο, το φασκόμηλο και το πιπέρι σε ένα μικρό μπολ. Τρίψτε αυτή τη θεραπεία και στις δύο πλευρές της πάπιας, ακόμη και στις σχισμές του δέρματος. Τοποθετήστε ξανά την πάπια στο πιάτο, με το δέρμα προς τα πάνω. Σκεπάζουμε καλά το σκεύος με πλαστική μεμβράνη και το βάζουμε στο ψυγείο για 4 μέρες.

c) Αναποδογυρίστε τα στήθη της πάπιας και καλύψτε ξανά το πιάτο σφιχτά με την πλαστική μεμβράνη. Βάζουμε στο ψυγείο για άλλες 3 μέρες.

d) Σε αυτό το σημείο, η πάπια πρέπει να έχει ένα σκούρο κόκκινο χρώμα και να αισθάνεται σφιχτή παντού, σαν μια καλοφτιαγμένη μπριζόλα. Αυτό σημαίνει ότι το κρέας σας έχει ωριμάσει. Εάν εξακολουθεί να αισθάνεται πολύ μαλακό, αναποδογυρίστε το κρέας ξανά και αφήστε το να καθίσει για άλλη μια ή δύο μέρες.

e) Για να βεβαιωθείτε ότι η πάπια σας είναι ασφαλής για κατανάλωση, τοποθετήστε τη στη σχάρα, με την παχιά πλευρά προς τα πάνω, στον προθερμασμένο φούρνο. Ζεσταίνουμε την πάπια για περίπου 25 λεπτά ή μέχρι να φτάσει σε εσωτερική θερμοκρασία 160°F (70°C).

f) Ξεπλύνετε καλά την πάπια και στεγνώστε την πολύ. Κόψτε το σε λεπτές φέτες πριν το σερβίρετε.

43.   Στήθος κοτόπουλου με προσούτο και φασκόμηλο

Φτιάχνει: 2 μερίδες

ΣΥΣΤΑΤΙΚΑ:
1 Ολόκληρα στήθη κοτόπουλου, χωρίς κόκαλα
Αλεύρι καρυκευμένο με αλάτι και πιπέρι
2 κουταλιές της σούπας ανάλατο βούτυρο
½ φλιτζάνι λευκό ξηρό κρασί
¾ κουταλάκι του γλυκού αποξηραμένο φασκόμηλο? θρυμματίστηκε
2 ουγγιές Προσούτο? ζουλιενισμένος
Κόψτε το στήθος κοτόπουλου στη μέση κατά μήκος και ισιώστε ελαφρά ανάμεσα σε φύλλα πλαστικής μεμβράνης.

Ρίξτε ελαφρά το κοτόπουλο στο αλεύρι. Σε ένα μεγάλο τηγάνι ζεσταίνουμε το βούτυρο σε μέτρια δυνατή φωτιά μέχρι να υποχωρήσει ο αφρός και σε αυτό σοτάρουμε το κοτόπουλο, στεγνωμένο και αλατοπιπερωμένο κατά βούληση, για 2 λεπτά από κάθε πλευρά ή μέχρι να ροδίσει ελαφρά. Μεταφέρουμε το κοτόπουλο με λαβίδες σε μια προθερμασμένη πιατέλα και το κρατάμε ζεστό, σκεπασμένο, σε προθερμασμένο φούρνο στους 250.

Στο τηγάνι προσθέτουμε το λευκό κρασί και το φασκόμηλο, αφήνουμε να πάρει μια βράση, ανακατεύοντας και βράζουμε για 1 λεπτό. Προσθέστε το κοτόπουλο με τους χυμούς που έχουν μαζευτεί στο πιάτο και το προσούτο, σιγοβράστε το μείγμα σκεπασμένο για 4 με 5 λεπτά ή μέχρι το κοτόπουλο να γίνει ελαστικό στην αφή και μόλις ψηθεί και αλατοπιπερώστε το. Μεταφέρετε το κοτόπουλο σε 2 πιάτα και απλώνετε με κουτάλι τη σάλτσα προσούτο.

44. Κοτόπουλο με προσούτο και σύκα

Κάνει: 8 μερίδες

ΣΥΣΤΑΤΙΚΑ:
- 6 κουταλιές της σούπας λευκό ξύδι
- 3 κουταλιές της σούπας φρέσκο δεντρολίβανο, ψιλοκομμένο
- 1 κουταλάκι του γλυκού νιφάδες κόκκινης πιπεριάς
- 2 κουταλιές της σούπας φρέσκο χυμό λεμονιού
- 1 λεμόνι ολόκληρο, κομμένο σε φέτες
- 1 κουταλάκι του γλυκού Αλάτι
- ¼ κουταλάκι του γλυκού φρεσκοτριμμένο μαύρο πιπέρι
- ¼ φλιτζάνι ελαιόλαδο
- 8 Ολόκληρα με κόκαλα και δέρμα
- Μισά στήθη κοτόπουλου, κοπανισμένα 1/4 ίντσας πάχους
- 16 Ολόκληρα σύκα
- 1 κιλό χωριάτικο ψωμί, κομμένο σε φέτες
- 8 φέτες Προσούτο

Συνδυάστε το κρασί, το δεντρολίβανο ψιλοκομμένο, τις νιφάδες πιπεριού, το χυμό λεμονιού, το αλάτι, το πιπέρι και το λάδι. Ρίξτε σε ένα μεγάλο, ρηχό μη αντιδραστικό πιάτο. Προσθέστε στήθη κοτόπουλου, φέτες λεμονιού και 3 κλωνάρια δεντρολίβανου στη μαρινάδα των πιάτων. Σκεπάζετε, βάζετε στο ψυγείο για 3 ώρες ή μέχρι όλη τη νύχτα, γυρίζοντας το κοτόπουλο περιστασιακά.

Αλείφουμε τη σχάρα με λάδι. Ζεσταίνουμε το γκριλ σε μέτρια φωτιά. Λίγο πριν ψήσετε το κοτόπουλο, ψήστε ξανά με λάδι. Ψήστε το κοτόπουλο στη σχάρα μέχρι να τρέξουν οι χυμοί τους, 3 έως 5 λεπτά ανά πλευρά. αφήνω στην άκρη. Ψήστε τα ολόκληρα σύκα στο πιο δροσερό μέρος της σχάρας μέχρι να μαλακώσουν και να ζεσταθούν, για 3 έως 6 λεπτά.

Ψήστε το ψωμί στη σχάρα μέχρι να ροδίσει και από τις δύο πλευρές. Τυλίξτε το προσούτο χαλαρά γύρω από κάθε στήθος κοτόπουλου. Τακτοποιούμε σε πιατέλα. Γαρνίρουμε με δεντρολίβανο και σερβίρουμε με σάλτσα από σύκο βαλσάμικο, σύκα και ψωμί.

45. Βασιλικός και τυλιγμένο με προσούτο ιππόγλωσσα

Φτιάχνει: 2 μερίδες

ΣΥΣΤΑΤΙΚΑ:
- 6 φύλλα βασιλικός
- 2 φέτες προσούτο
- 2 (4 ουγκιές) φιλέτα ιππόγλωσσα
- ½ κουταλάκι του γλυκού καρύκευμα adobo
- 1 κουταλιά της σούπας ελαιόλαδο

ΟΔΗΓΙΕΣ:
a) Προθερμάνετε το φούρνο στους 400 βαθμούς Φ (200 βαθμοί C).
b) Στρώστε 3 φύλλα βασιλικού σε κάθε φέτα προσούτο. Αλατοπιπερώνουμε τα φιλέτα ιππόγλωσσας με καρύκευμα Adobo, τα τοποθετούμε στη μία πλευρά από τις έτοιμες φέτες προσούτο και τυλίγουμε τα φιλέτα ψαριού με το προσούτο και τον βασιλικό.
c) Βάλτε ένα τηγάνι κατάλληλο για φούρνο σε μέτρια προς δυνατή φωτιά. Όταν το τηγάνι είναι ζεστό, ρίχνουμε το ελαιόλαδο και βάζουμε στο τηγάνι τα τυλιγμένα φιλέτα ιππόγλωσσας.

d) Βράζουμε τα φιλέτα μέχρι να ροδίσει το προσούτο, περίπου 4 λεπτά. Αναποδογυρίζουμε τα φιλέτα και μεταφέρουμε το ταψί στον προθερμασμένο φούρνο. Ψήνετε μέχρι το ψάρι να είναι σφιχτό στην αφή και να ψηθεί, περίπου 5 λεπτά.

46.   Κατσικίσιο τυρί με βότανα και γαρίδες προσούτο

Κάνει: 4 μερίδες

ΣΥΣΤΑΤΙΚΑ:
12 κουταλιές της σούπας κατσικίσιο τυρί
1 κουταλάκι του γλυκού ψιλοκομμένο φρέσκο μαϊντανό
1 κουταλάκι του γλυκού ψιλοκομμένο φρέσκο εστραγκόν
1 κουταλάκι του γλυκού ψιλοκομμένο φρέσκο μοσχαράκι
1 κουταλάκι του γλυκού ψιλοκομμένη φρέσκια ρίγανη
2 κουταλάκια του γλυκού ψιλοκομμένο σκόρδο
Αλατοπίπερο
12 μεγάλες Γαρίδες, ξεφλουδισμένες, με ουρά και
Πεταλούδα
12 λεπτές φέτες προσούτο
2 κουταλιές της σούπας ελαιόλαδο
Ψιλόβροχο λευκής τρούφας
Λάδι
Σε ένα μπολ ανακατεύουμε το τυρί, τα μυρωδικά και το σκόρδο μαζί. Αλατοπιπερώνουμε το μείγμα. Αλατοπιπερώνουμε τις γαρίδες. Πιέστε μια κουταλιά της σούπας από τη γέμιση στην κοιλότητα κάθε γαρίδας. Τυλίξτε κάθε γαρίδα σφιχτά με ένα κομμάτι προσούτο. Σε ένα τηγάνι ζεσταίνουμε το ελαιόλαδο. Όταν το λάδι είναι ζεστό, προσθέστε τις γεμιστές γαρίδες και σιγοβράστε για 2 με 3 λεπτά από κάθε πλευρά ή μέχρι να γίνουν ροζ οι γαρίδες και οι ουρές τους να καμπυλώσουν προς το σώμα τους. Βγάζετε από το τηγάνι και τοποθετείτε σε μεγάλη πιατέλα. Περιχύνετε τις γαρίδες με λάδι τρούφας.

Γαρνίρουμε με μαϊντανό.

47. <u>Σόλα σοτέ με σέσκουλο και προσούτο</u>

Φτιάχνει: 1 μερίδα

ΣΥΣΤΑΤΙΚΑ:
2 ματσάκια Chard
2 κουταλιές της σούπας παρθένο ελαιόλαδο
4 Φιλέτα σόλα, κόκκαλα και δέρμα αφαιρεμένο
¼ φλιτζάνι αλεύρι καρυκευμένο
2 ουγγιές Prosciutto di San Daniele, κομμένο σε λεπτές φέτες, ζουλιέν
Ξύσμα από 2 πορτοκάλια συν
Χυμό από 1 πορτοκάλι
1 πρέζα Κανέλα
2 ουγγιές Εξαιρετικό παρθένο ελαιόλαδο
½ Κόκκινο κρεμμύδι, κομμένο σε φέτες, λεπτό χαρτί
Καθαρίστε δύο ματσάκια κόκκινα σέσκουλα (τα φύλλα αφαιρούνται για άλλη χρήση). Κόψτε τα κοτσάνια στο κομμένο άκρο σε μήκος 6 ίντσες.

Φέρτε ένα λίτρο νερό να βράσει και βάλτε το παγόλουτρο. Μαγειρέψτε τα κοτσάνια για 3 έως 4 λεπτά σε βραστό νερό μέχρι να μαλακώσουν και σοκάρετε σε παγωμένο νερό. Αφαιρέστε και στραγγίστε. Κόβουμε σε ζουλιέν ¼ ίντσας και το βάζουμε σε μπολ. Σε ένα αντικολλητικό τηγάνι 8 ιντσών, ζεσταίνουμε το παρθένο ελαιόλαδο μέχρι να καπνίσει. Ρίξτε τα φιλέτα της σόλας σε αλεύρι και τα βάζετε στο ταψί. Μαγειρέψτε από τη μία πλευρά μέχρι να ροδίσει, περίπου δύο λεπτά. Γυρίστε και ψήστε για 30 δευτερόλεπτα ακόμη από την άλλη πλευρά. Αφαιρέστε σε ζεστό πιάτο.

Προσθέστε τα κοτσάνια του σέσκουλα στο τηγάνι και αλατοπιπερώστε. Προσθέστε το προσούτο, το ξύσμα πορτοκαλιού, την κανέλα, το ελαιόλαδο και το κόκκινο κρεμμύδι και ανακατέψτε να επικαλυφθεί, περίπου 30 δευτερόλεπτα. Πασπαλίστε με μια κουταλιά της σούπας χυμό πορτοκαλιού και ανακατέψτε ξανά. Αλατοπιπερώνουμε και μοιράζουμε σε τέσσερα πιάτα. Σε κάθε πιάτο τοποθετούμε ένα φιλέτο σόλας και σερβίρουμε.

ZYMAPIKA

48. Λαζάνια από άγρια και εξωτικά μανιτάρια

Κάνει: 9 μερίδες

ΣΥΣΤΑΤΙΚΑ:
- 2 κουταλιές της σούπας ελαιόλαδο
- 1 μεγάλο κρεμμύδι? κιμάς
- 2 ουγγιές προσούτο ντι Πάρμα? ψιλοκομμένο
- 2 κουταλιές της σούπας κιμά ασκαλώνια
- 2 κουταλιές της σούπας ψιλοκομμένο σκόρδο
- ½ φλιτζάνι μαϊντανός ψιλοκομμένος
- 1 κιλό ανάμεικτα άγρια και εξωτικά μανιτάρια
- 2 κουταλιές της σούπας βασιλικό ψιλοκομμένο
- 1 κουταλιά της σούπας φρέσκια ρίγανη ψιλοκομμένη
- ⅔ φλιτζάνι λευκό ξηρό κρασί
- 1½ κιλό κονσερβοποιημένες ντομάτες θρυμματισμένες. έως 2 κιλά
- 2 φλιτζάνια φρέσκο τυρί ρικότα
- 1 αυγό
- 2 φλιτζάνια τριμμένο τυρί Parmigiano-Reggiano
- ½ φλιτζάνι τριμμένο τυρί μοτσαρέλα
- 1 αλάτι? να δοκιμάσω
- 1 φρεσκοτριμμένο μαύρο πιπέρι
- 1 κιλό φρέσκα φύλλα ζυμαρικών κομμένα σε λαζάνια. ταξίδια, ασπρισμένα,
- ½ φλιτζάνι παχύρρευστη κρέμα
- ¼ φλιτζάνι γάλα
- 8 φύλλα βασιλικού αποξηραμένα

ΟΔΗΓΙΕΣ:
a) Προθερμαίνουμε το φούρνο στους 350 βαθμούς. Λαδώνουμε ελαφρά ένα ορθογώνιο ταψί 13 επί 9 ιντσών. Σε ένα μεγάλο τηγάνι ζεσταίνουμε το ελαιόλαδο.
b) Όταν το λάδι είναι ζεστό, σοτάρουμε τα κρεμμύδια και το προσούτο για περίπου 4 λεπτά ή μέχρι να μαραθούν και να καραμελώσουν ελαφρώς τα κρεμμύδια.

c) Ανακατεύουμε μέσα το ½ φλιτζάνι μαϊντανό, τα ασκαλώνια και τα μανιτάρια. Σοτάρουμε για 10 λεπτά ή μέχρι να ροδίσουν τα μανιτάρια. Αλατοπιπερώνουμε.

d) Προσθέστε το σκόρδο, τον βασιλικό και τη ρίγανη. Σουρώνουμε το μείγμα των μανιταριών και κρατάμε το υγρό. Τοποθετήστε ξανά το υγρό στο τηγάνι και μειώστε το μέχρι να σχηματιστεί γλάσο, περίπου 5 λεπτά. Ξύνετε τα πλαϊνά περιστασιακά για να χαλαρώσετε τυχόν σωματίδια.

e) Προσθέτουμε το κρασί και ακολουθούμε την ίδια διαδικασία. Προσθέτουμε τις ντομάτες και συνεχίζουμε το ψήσιμο για 10 λεπτά.

f) Αλατοπιπερώνουμε. Προσθέστε το μείγμα των μανιταριών στη σάλτσα.

g) Σε ένα μπολ ανακατεύουμε το τυρί Ricotta, το αυγό, τον υπόλοιπο μαϊντανό, ½ φλιτζάνι τριμμένο τυρί Parmigiano-Reggiano και το τυρί Mozzarella.

h) Αλατοπιπερώνουμε. Για τη συναρμολόγηση, ρίξτε μια μικρή ποσότητα από τη σάλτσα στο κάτω μέρος του ταψιού. Πασπαλίζουμε με παρμεζάνα. Τοποθετούμε μια στρώση από τα ζυμαρικά πάνω από τη σάλτσα. Απλώνουμε το τυρί πάνω από τα ζυμαρικά.

i) Ανακατεύουμε την κρέμα με το υπόλοιπο τυρί.

j) Αλατοπιπερώνουμε. Περιχύνουμε από πάνω τα λαζάνια. Σκεπάζουμε τα λαζάνια. Ψήνουμε για 30 λεπτά σκεπασμένο και 10 με 15 λεπτά ακάλυπτα ή μέχρι τα λαζάνια να ροδίσουν και να δέσει.

k) Βγάζουμε τα λαζάνια από το φούρνο και τα αφήνουμε να ξεκουραστούν για 10 λεπτά πριν τα κόψουμε σε φέτες. Τοποθετούμε μια μερίδα από τα λαζάνια στο κέντρο του πιάτου.

l) Γαρνίρουμε με τριμμένο τυρί και τηγανητά φύλλα βασιλικού.

49. Βασιλικός και τυλιγμένο με προσούτο ιππόγλωσσα

Φτιάχνει: 2 μερίδες

ΣΥΣΤΑΤΙΚΑ:
- 6 φύλλα βασιλικός
- 2 φέτες προσούτο
- 2 (4 ουγκιές) φιλέτα ιππόγλωσσα
- ½ κουταλάκι του γλυκού καρύκευμα adobo
- 1 κουταλιά της σούπας ελαιόλαδο

ΟΔΗΓΙΕΣ:
e) Προθερμάνετε το φούρνο στους 400 βαθμούς Φ (200 βαθμοί C).
f) Στρώστε 3 φύλλα βασιλικού σε κάθε φέτα προσούτο. Αλατοπιπερώνουμε τα φιλέτα ιππόγλωσσας με καρύκευμα Adobo, τα τοποθετούμε στη μία πλευρά από τις έτοιμες φέτες προσούτο και τυλίγουμε τα φιλέτα ψαριού με το προσούτο και τον βασιλικό.
g) Βάλτε ένα τηγάνι κατάλληλο για φούρνο σε μέτρια προς δυνατή φωτιά. Όταν το τηγάνι είναι ζεστό, ρίχνουμε το ελαιόλαδο και βάζουμε στο τηγάνι τα τυλιγμένα φιλέτα ιππόγλωσσας.
h) Βράζουμε τα φιλέτα μέχρι να ροδίσει το προσούτο, περίπου 4 λεπτά. Αναποδογυρίζουμε τα φιλέτα και μεταφέρουμε το ταψί στον προθερμασμένο φούρνο. Ψήνετε μέχρι το ψάρι να είναι σφιχτό στην αφή και να ψηθεί, περίπου 5 λεπτά.

50. Κοτόπουλο Alfredo Lasagna

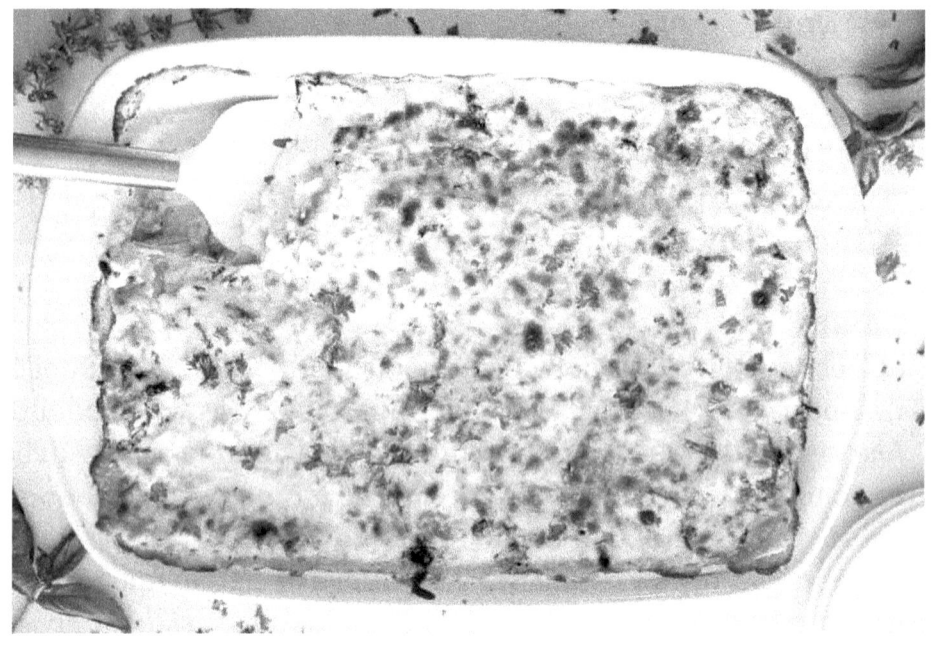

ΣΥΣΤΑΤΙΚΑ:
- 4 ουγγιές πανσέτα κομμένη σε λεπτές φέτες, κομμένη σε λωρίδες
- 3 ουγγιές ζαμπόν προσούτο ή ντελικατέσεν σε λεπτές φέτες, κομμένο σε λωρίδες
- 3 φλιτζάνια κοτόπουλο ψιλοκομμένο
- 5 κουταλιές της σούπας ανάλατο βούτυρο, κομμένο σε κύβους
- 1/4 φλιτζάνι αλεύρι για όλες τις χρήσεις
- 4 φλιτζάνια πλήρες γάλα
- 2 φλιτζάνια τριμμένο τυρί Asiago, χωρισμένο
- 2 κουταλιές της σούπας φρέσκο μαϊντανό ψιλοκομμένο, χωρισμένο
- 1/4 κουταλάκι του γλυκού χοντροτριμμένο πιπέρι
- Τσιμπήστε το αλεσμένο μοσχοκάρυδο
- 9 noodles λαζάνια χωρίς μαγειρική
- 1-1/2 φλιτζάνι τριμμένο τυρί μοτσαρέλα μερικώς αποβουτυρωμένο
- 1-1/2 φλιτζάνι τριμμένη παρμεζάνα

ΟΔΗΓΙΕΣ:

a) Σε ένα μεγάλο τηγάνι βράζουμε την πανσέτα και το προσούτο σε μέτρια φωτιά μέχρι να ροδίσουν. Στραγγίζουμε σε απορροφητικό χαρτί. Μεταφέρετε σε ένα μεγάλο μπολ. προσθέτουμε το κοτόπουλο και ανακατεύουμε να ενωθούν.

b) Για τη σάλτσα, σε μια μεγάλη κατσαρόλα, λιώστε το βούτυρο σε μέτρια φωτιά. Ανακατεύουμε με το αλεύρι μέχρι να ομογενοποιηθεί. ανακατεύουμε σταδιακά το γάλα. Φέρτε σε βρασμό, ανακατεύοντας συνεχώς. μαγειρεύουμε και ανακατεύουμε για 1-2 λεπτά ή μέχρι να πήξει. Αφαιρέστε από τη φωτιά? ανακατεύουμε 1/2 φλιτζάνι τυρί Asiago, 1 κουταλιά της σούπας μαϊντανό, πιπέρι και μοσχοκάρυδο.

c) Προθερμαίνουμε τον φούρνο στους 375°. Απλώστε 1/2 φλιτζάνι σάλτσα σε μια λαδόκολλα 13x9-in. ταψί. Στρώνουμε με το ένα τρίτο από καθένα από τα παρακάτω: ζυμαρικά, σάλτσα, μείγμα κρέατος, τυριά Asiago, μοτσαρέλα και παρμεζάνα. Επαναλάβετε τις στρώσεις δύο φορές.

d) Ψήνουμε σκεπασμένο για 30 λεπτά. Αποκαλύπτω; ψήνουμε για 15 λεπτά περισσότερο ή μέχρι να αφρατέψει. Πασπαλίζουμε με τον υπόλοιπο μαϊντανό. Αφήστε το να σταθεί 10 λεπτά πριν το σερβίρετε.

51. Πέννες με σάλτσα βότκας

Κάνει: 4

ΣΥΣΤΑΤΙΚΑ:
- 16 ουγκιές. ζυμαρικά πέννες
- 1 κουταλιά της σούπας ελαιόλαδο
- 1 κρεμμύδι σε κυβάκια
- 3 σκελίδες σκόρδο ψιλοκομμένες
- ¼ κιλό προσούτο ψιλοκομμένο
- 28 oz. κονσέρβα ντομάτες θρυμματισμένες
- 1 φλιτζάνι σάλτσα ντομάτας
- ½ φλιτζάνι βότκα
- 1 φλιτζάνι παχύρρευστη κρέμα
- 1 φλιτζάνι τυρί παρμεζάνα
- ½ φλιτζάνι ψιλοκομμένα φύλλα φρέσκου βασιλικού
- ¼ κουταλάκι του γλυκού θυμάρι
- 1 κουταλιά της σούπας μαϊντανό ψιλοκομμένο
- Αλάτι για γεύση
- 1 κουταλάκι του γλυκού ζάχαρη

ΟΔΗΓΙΕΣ:
a) Βράζουμε τα ζυμαρικά σε μια κατσαρόλα με αλατισμένο νερό για 10 λεπτά. Διοχετεύω.

b) Ζεσταίνουμε το λάδι σε ένα μεγάλο τηγάνι ή σε άλλη κατσαρόλα.

c) Σοτάρουμε το κρεμμύδι, το σκόρδο, το προσούτο για 2 λεπτά.

d) Προσθέστε τις θρυμματισμένες ντομάτες και τη σάλτσα ντομάτας.

e) Ανακατεύουμε και σιγοβράζουμε για 5 λεπτά.

f) Προσθέστε τη βότκα και την παχύρρευστη κρέμα και σιγοβράστε για 20 λεπτά.

g) Καρυκεύουμε με βασιλικό, θυμάρι, μαϊντανό, αλάτι και ζάχαρη.

h) Δοκιμάστε και προσαρμόστε τα καρυκεύματα.

i) Ρίχνουμε τα μαγειρεμένα ζυμαρικά και την παρμεζάνα και σιγοβράζουμε για 5 λεπτά.

52. Ζυμαρικά λεμονιού βασιλικού με λαχανάκια Βρυξελλών

Κάνει: 8

ΣΥΣΤΑΤΙΚΑ:

- 1 κουτί (1 κιλό) ζυμαρικά μακρόστενα, όπως μπουκατίνι ή φετουτσίνι
- 4 ουγγιές προσούτο κομμένο σε λεπτές φέτες, σκισμένο
- 3 κουταλιές της σούπας έξτρα παρθένο ελαιόλαδο
- 1 κιλό λαχανάκια Βρυξελλών, κομμένα στο μισό ή κομμένα στα τέσσερα, αν είναι μεγάλα
- Αλάτι Kosher και φρεσκοτριμμένο πιπέρι
- 2 κουταλιές της σούπας ξύδι βαλσάμικο
- 1 πιπεριά jalapeño, ξεσποριασμένη και ψιλοκομμένη
- 1 κουταλιά της σούπας φρέσκα φύλλα θυμαριού
- 1 φλιτζάνι πέστο βασιλικού λεμονιού
- 4 ουγγιές κατσικίσιο τυρί, θρυμματισμένο
- ⅓ φλιτζάνι τριμμένο τυρί Manchego
- Ξύσμα και χυμό από 1 λεμόνι

ΟΔΗΓΙΕΣ:
a) Προθερμάνετε το φούρνο στους 375°F.
b) Βάλτε μια μεγάλη κατσαρόλα με αλατισμένο νερό να βράσει σε δυνατή φωτιά. Προσθέστε τα ζυμαρικά και μαγειρέψτε σύμφωνα με τις οδηγίες της συσκευασίας μέχρι να γίνουν al dente. Κρατήστε 1 φλιτζάνι από το νερό μαγειρέματος των ζυμαρικών και στη συνέχεια στραγγίστε.
c) Εν τω μεταξύ, απλώστε το προσούτο σε ομοιόμορφη στρώση σε ένα ταψί στρωμένο με λαδόκολλα. Ψήστε μέχρι να γίνει τραγανό, 8 με 10 λεπτά.
d) Όσο ψήνονται τα ζυμαρικά και ψήνεται το προσούτο, ζεσταίνουμε το ελαιόλαδο σε ένα μεγάλο τηγάνι σε μέτρια φωτιά. Όταν το λάδι γυαλίσει, προσθέστε τα λαχανάκια Βρυξελλών και μαγειρέψτε, ανακατεύοντας περιστασιακά, μέχρι να ροδίσουν, για 8 με 10 λεπτά. Αλατοπιπερώνουμε. Χαμηλώνουμε τη φωτιά σε μέτρια προς χαμηλή και προσθέτουμε το ξύδι, το jalapeño και το

θυμάρι και μαγειρεύουμε μέχρι να γλασάρουν τα λάχανα, 1 με 2 λεπτά ακόμα.

e) Αποσύρουμε την κατσαρόλα από τη φωτιά και προσθέτουμε τα στραγγισμένα ζυμαρικά, το πέστο, το κατσικίσιο τυρί, το Manchego, το ξύσμα λεμονιού και το χυμό λεμονιού. Προσθέστε περίπου ¼ φλιτζάνι από το νερό μαγειρέματος των ζυμαρικών και ανακατέψτε για να δημιουργήσετε μια σάλτσα.

f) Προσθέστε 1 κουταλιά της σούπας περισσότερο τη φορά μέχρι να επιτευχθεί η επιθυμητή συνοχή. Δοκιμάζουμε και προσθέτουμε περισσότερο αλάτι και πιπέρι όσο χρειάζεται.

g) Μοιράστε τα ζυμαρικά ομοιόμορφα σε οκτώ μπολ ή πιάτα και από πάνω το καθένα με τραγανό προσούτο.

53. <u>Fettuccine al prosciutto</u>

Κάνει: 4 μερίδες

ΣΥΣΤΑΤΙΚΑ:
- 6 ουγγιές Προσούτο
- 4 ουγγιές Βούτυρο
- 2 κουταλιές της σούπας ψιλοκομμένο κρεμμύδι
- Αλας
- Φρεσκοτριμμένο μαύρο πιπέρι
- 1 κιλό φρέσκο fettuccine
- ⅔ φλιτζάνι φρεσκοτριμμένη παρμεζάνα

a) ΞΕΧΩΡΙΣΤΕ ΠΑΧΙΑ ΚΑΙ ΑΠΑΧΑ μέρη από προσούτο. Κόψτε το λίπος χοντροκομμένο. κόψτε το άπαχο σε τετράγωνα ½ ίντσας.

b) Λιώνουμε το βούτυρο σε ένα τηγάνι.

c) Προσθέστε το κρεμμύδι και το λίπος του προσούτο και σοτάρετε για 5 λεπτά.

d) Τα στραγγίζουμε σε τρυπητό αλλά όχι πολύ καλά: τα αφήνουμε λίγο υγρά.

e) Μεταφέρετε το φετουτσίνι σε ένα θερμαινόμενο μπολ σερβιρίσματος. Ανακατεύουμε με ολόκληρο το περιεχόμενο του τηγανιού. Προσθέστε τριμμένο τυρί και περισσότερο φρεσκοτριμμένο πιπέρι και ανακατέψτε ξανά. Από πάνω κρατάμε προσούτο και σερβίρουμε αμέσως.

54. Προσούτο με κουκουνάρι και λιαστές ντομάτες

Φτιάχνει: 2 μερίδες

ΣΥΣΤΑΤΙΚΑ:
6 ουγγιές Φεττουκίνη? φρέσκο
2 κουταλιές της σούπας ελαιόλαδο
½ κουταλάκι του γλυκού σκόρδο; ψιλοκομμένο
1 κουταλιά της σούπας κουκουνάρι
1 φέτα Προσούτο? ζουλιενισμένος
2 λιαστές ντομάτες. ψιλοκομμένο
½ φλιτζάνι ζωμός κοτόπουλου
6 φύλλα βασιλικού. ζουλιενισμένος
1 κουταλιά της σούπας Ξυρισμένη παρμεζάνα
Αλατοπίπερο
1 κουταλάκι του γλυκού Βούτυρο
½ κουταλάκι του γλυκού Τζίντζερ? ψιλοκομμένο

Σε μια μεγάλη κατσαρόλα με αλατισμένο νερό που βράζει, βράζουμε τη φεττουτσίνη μέχρι να μαλακώσει, 1½ λεπτό, τα στραγγίζουμε και τα αφήνουμε στην άκρη.

Ζεσταίνουμε ένα τηγάνι μέχρι να ζεσταθεί πολύ και προσθέτουμε το ελαιόλαδο. Προσθέστε το σκόρδο, το κουκουνάρι, το προσούτο και τις λιαστές ντομάτες. Σοτάρουμε μέχρι να ροδίσουν το κουκουνάρι. Προσθέστε το ζωμό κοτόπουλου, τον βασιλικό και την παρμεζάνα, αφήστε να πάρει μια βράση και μειώστε τα υγρά κατά ½. Προσθέστε χυλοπίτες και ανακατέψτε καλά. Αλατοπιπερώνετε με αλάτι και πιπέρι. Προσθέστε το βούτυρο και το τζίντζερ και ανακατέψτε ξανά. Σερβίρετε αμέσως.

55. Φετουτσίνι με προσούτο και σπαράγγια

Κάνει: 4 μερίδες

ΣΥΣΤΑΤΙΚΑ:
½ κιλά σπαράγγια, σε κομμάτια 1 ίντσας.
2 κουταλιές της σούπας Βούτυρο
½ φλιτζάνι Κρεμμύδι, ψιλοκομμένο
4 ουγγιές Προσούτο
1 κουταλιά της σούπας Βούτυρο
1 κουταλιά της σούπας Αλεύρι
½ φλιτζάνι Κρέμα
1 κιλό φετουτσίνι
½ φλιτζάνι τυρί παρμεζάνα φρεσκοτριμμένη
Φρεσκοτριμμένο πιπέρι

Μαγειρέψτε τα σπαράγγια μέχρι να μαλακώσουν. διοχετεύω. Μειώστε το νερό μαγειρέματος στο ½ φλιτζάνι. Λιώνουμε το βούτυρο σε ένα τηγάνι σε μέτρια φωτιά. Προσθέστε το κρεμμύδι και μαγειρέψτε μέχρι να μυρίσει. Ρίχνουμε το προσούτο και σοτάρουμε. Φτιάξτε ένα ρουξ από το αλεύρι και το βούτυρο. προσθέστε το κρατημένο νερό με τα σπαράγγια και την κρέμα. Χτυπάμε και ζεσταίνουμε μέχρι να δέσει η σάλτσα. Προσθέτουμε τα σπαράγγια και το προσούτο και ανακατεύουμε. Στο μεταξύ, βράζουμε τα ζυμαρικά. Όταν τα ζυμαρικά ψηθούν al dente, τα στραγγίζουμε και τα περιχύνουμε με τη σάλτσα, προσθέτοντας το τριμμένο τυρί. Σερβίρουμε και προσθέτουμε φρεσκοτριμμένο πιπέρι για γεύση.

56. Fusilli με προσούτο και αρακά

Φτιάχνει: 1 μερίδα

ΣΥΣΤΑΤΙΚΑ:
2 κουταλιές της σούπας ελαιόλαδο
2 κουταλιές της σούπας Βούτυρο
1 Κιμά καρότο
1 κοτσάνι σέλινου ψιλοκομμένο
1 ψιλοκομμένο μικρό κρεμμύδι
6 λεπτές φέτες προσούτο - ψιλοκομμένο
½ φλιτζάνι λευκό κρασί
2 12 ουγκιές. περιέχει στραγγιστές ντομάτες? (μάρκα Pomi)
1 φλιτζάνι αρακάς
1 κιλό μαγειρεμένα ζυμαρικά φουσίλι

ΟΔΗΓΙΕΣ:
Ζεσταίνουμε το ελαιόλαδο, το βούτυρο σε μια μεγάλη κατσαρόλα. Προσθέστε τον κιμά καρότο, το σέλινο και το κρεμμύδι. Σοτάρουμε για λίγο μέχρι να μαλακώσουν. Προσθέστε το προσούτο, το λευκό κρασί και τις στραγγιστές ντομάτες. Μαγειρέψτε για περίπου 30 λεπτά σε χαμηλή φωτιά για να ενωθούν οι γεύσεις. Τελειώνουμε με τον αρακά και ανακατεύουμε να ενωθούν. Ρίχνουμε τα ζεστά ζυμαρικά με τη σάλτσα. Γαρνίρουμε με φρέσκο βασιλικό και παρμεζάνα.

57.   Fusilli με shiitake, μπρόκολο rabe και σάλτσα προσούτο

Κάνει: 4 μερίδες

ΣΥΣΤΑΤΙΚΑ:
- 1 κιλό ζυμαρικά Fusilli
- 1 κιλό μπρόκολο rabe? κόψτε και κόψτε σε κομμάτια 1 ίντσας

ΓΙΑ ΤΗ ΣΑΛΤΣΑ
- ½ φλιτζάνι ελαιόλαδο
- ½ φλιτζάνι κιμά ασκαλώνια
- 1 σκελίδα σκόρδο? κιμάς
- 6 ουγγιές μανιτάρια Shiitake - (έως 8 ουγκιές) κομμένο, κομμένο σε φέτες
- 6 ουγγιές προσούτο ή παρόμοιο ζαμπόν -(έως 8 ουγκιές) κόψτε μικρά ζάρια ή λωρίδες
- ½ κουταλάκι του γλυκού αποξηραμένες νιφάδες καυτερής κόκκινης πιπεριάς (έως 1 κουταλάκι του γλυκού). ή για γεύση
- ⅓ φλιτζάνι ζωμός ή ζωμός κοτόπουλου
- 2 κουταλιές της σούπας ψιλοκομμένο φρέσκο μαϊντανό
- 2 κουταλιές της σούπας φρέσκο σχοινόπρασο κιμά
- 2 κουταλιές της σούπας φρέσκο εστραγκόν

ΓΑΡΝΙΤΟΥΡΑ
- Φρεσκοτριμμένη παρμεζάνα. (προαιρετικός)
Λιαστές ντομάτες; (προαιρετικός)

a) Πρώτα φτιάξτε τη σάλτσα. Σε ένα τηγάνι ζεσταίνουμε το λάδι. Προσθέστε τα ασκαλώνια και μαγειρέψτε, ανακατεύοντας για 1 λεπτό.

b) Στη συνέχεια, προσθέστε τα μανιτάρια και μαγειρέψτε, ανακατεύοντας περιστασιακά για 5 λεπτά, ή μέχρι να ροδίσουν ελαφρά τα μανιτάρια.

c) Τώρα ανακατέψτε με το σκόρδο, το προσούτο και τις νιφάδες κόκκινης πιπεριάς και μαγειρέψτε για 30 λεπτά, και στη συνέχεια προσθέστε ζωμό κοτόπουλου ή ζωμό και σιγοβράστε για 1 λεπτό.

d) Για τα ζυμαρικά σας, βάλτε μια μεγάλη κατσαρόλα με νερό σε πλήρη βράση.

e) Όταν το νερό είναι έτοιμο, προσθέστε τα ζυμαρικά σας. Θυμηθείτε να ξεκινήσετε το χρόνο μαγειρέματος όταν το νερό επιστρέψει σε βρασμό, όχι όταν προσθέτετε τα ζυμαρικά.

f) Μαγειρέψτε τα ζυμαρικά σας σύμφωνα με τις οδηγίες της συσκευασίας, μετά από 6 λεπτά ψησίματος, προσθέστε το μπρόκολο rabe στα ζυμαρικά μαγειρέματος.

g) Στραγγίζουμε τα ζυμαρικά και το μπρόκολο σε ένα σουρωτήρι και τα μεταφέρουμε σε ένα πιάτο σερβιρίσματος. Περιχύνουμε με τη σάλτσα, ανακατεύοντας καλά. Γαρνίρουμε αν θέλουμε.

58.   Παππαρδέλλα με προσούτο και αρακά

Φτιάχνει: 1 μερίδα

ΣΥΣΤΑΤΙΚΑ:
¼ φλιτζάνι Προσούτο κιμάς
1 φλιτζάνι αρακάς
1 φλιτζάνι βαριά κρέμα
1 φλιτζάνι Μισό μισό
⅓ φλιτζάνι τριμμένο τυρί Asiago
1 κιλό noodles λαζάνια

ΟΔΗΓΙΕΣ:
Ζεσταίνουμε ένα μεγάλο τηγάνι μέχρι να ζεσταθεί. Προσθέστε τον κιμά προσούτο και μαγειρέψτε για περίπου τρία λεπτά μέχρι να μαλακώσει, αλλά όχι να γίνει τραγανό. Προσθέστε τον αρακά και ανακατέψτε να ενωθούν. Ρίχνουμε την παχύρρευστη κρέμα και τη μισή και μισή. Προσθέστε το τυρί Asiago και χαμηλώστε τη φωτιά στο χαμηλό. Αφήνουμε τη σάλτσα να σιγοβράσει για πέντε λεπτά, ανακατεύοντας συχνά για να λιώσει το τυρί και να πήξει ελαφρά η κρέμα. Καρυκεύουμε με πιπέρι. Για να φτιάξετε παπαρδέλες, πάρτε τα λαζάνια και κόψτε τα σε μακριές λωρίδες πλάτους 1" περίπου. Ρίξτε τις λωρίδες σε αλατισμένο νερό που βράζει και μαγειρέψτε μέχρι να μαλακώσουν. Για να σερβίρετε, ρίξτε τα μαγειρεμένα ζυμαρικά με τη σάλτσα τυριού.

59. Ζυμαρικά με βασιλικό και προσούτο

Κάνει: 4 μερίδες

ΣΥΣΤΑΤΙΚΑ:
1 κιλό ζυμαρικά? Πέννες
1 κουταλιά της σούπας Ελαιόλαδο
1 σκελίδα σκόρδο? Ψιλοκομμένο
⅓ κιλά Προσούτο; Ψιλοκομμένο
1 ουγγιά φρέσκα φύλλα βασιλικού
4 κουταλιές της σούπας γιαούρτι χωρίς λιπαρά. Στραγγισμένο
Αλας; Να δοκιμάσω
Φρεσκοτριμμένο πιπέρι? Να δοκιμάσω
Βράζουμε μια μεγάλη κατσαρόλα με ελαφρώς αλατισμένο νερό και βράζουμε τις πένες μέχρι να γίνουν al dente.

Όσο ψήνονται τα ζυμαρικά, ζεσταίνουμε το ελαιόλαδο σε ένα τηγάνι και τσιγαρίζουμε για λίγο το σκόρδο μέχρι να αρχίσει να ροδίζει. Προσθέστε το ψιλοκομμένο προσούτο και τηγανίστε για δύο ή τρία λεπτά μέχρι να αρχίσει να ροδίζει και αυτό. Αποσύρουμε το τηγάνι από τη φωτιά.

Στραγγίζουμε τα μαγειρεμένα ζυμαρικά σε ένα σουρωτήρι και τα ρίχνουμε ξανά στην κατσαρόλα.

Σιφονάρουμε τον βασιλικό και τον προσθέτουμε στα ζυμαρικά μαζί με το προσούτο και το σκόρδο.

Αλατοπιπερώνουμε γενναιόδωρα και ρίχνουμε τα ζυμαρικά να αναμειχθούν τα υλικά. Ρίχνουμε με κουτάλι το γιαούρτι στα ζεστά ζυμαρικά και ανακατεύουμε μέχρι να καλυφθούν ελαφρά. Μεταφέρετε σε ζεστό πιάτο και σερβίρετε.

60. Ρολά ζυμαρικών γεμιστά με προσούτο

Κάνει: 15 μερίδες

ΣΥΣΤΑΤΙΚΑ:
- 3 φλιτζάνια αλεύρι για όλες τις χρήσεις
- 3 Αυγά
- 3 λίβρες φρέσκο σπανάκι, ξεπλυμένο και με μίσχο
- 3 φλιτζάνια τυρί Ricotta
- 3 Αυγά
- 1 ½ κουταλιά της σούπας φρεσκοτριμμένο μοσχοκάρυδο
- 1½ φλιτζάνι τριμμένη παρμεζάνα
- Αλάτι & φρεσκοτριμμένο πιπέρι
- ½ φλιτζάνι συν 1 Τ νερό
- 1 ½ κουταλιά της σούπας ελαιόλαδο
- 24 προσούτο σε λεπτές φέτες χαρτιού
- 18 ουγγιές τυρί μοτσαρέλα, κομμένο σε λεπτές φέτες
- Ελαιόλαδο
- Βινεγκρέτ λιαστής ντομάτας

Για τα ζυμαρικά: Τοποθετήστε το αλεύρι σε μεγάλο μπολ. Ανακατέψτε αυγά, νερό και λάδι. προσθέτουμε στο αλεύρι και ανακατεύουμε καλά. Ζυμώνουμε σε αλευρωμένη επιφάνεια μέχρι να γίνει λεία και ελαστική, περίπου 10 λεπτά. Σκεπάζουμε και αφήνουμε να ξεκουραστεί για 15 λεπτά.

Για τη γέμιση: Τοποθετήστε το σπανάκι σε βαρύ μεγάλο τηγάνι σε μέτρια φωτιά.

Καλύψτε και μαγειρέψτε μέχρι να μαραθεί, ανακατεύοντας κατά διαστήματα. Διοχετεύω. Στεγνώστε με στύψιμο. Ψιλοκόψτε το σπανάκι. Ανακατεύουμε τη ρικότα, τα αυγά και το μοσχοκάρυδο σε ένα μεγάλο μπολ. Ανακατεύουμε με το σπανάκι και την παρμεζάνα. Αλατοπιπερώνουμε.

Κόψτε το ⅓ της ζύμης. Απλώνουμε σε ελαφρά αλευρωμένη επιφάνεια όσο πιο αραιό γίνεται. Περικοπή σε ορθογώνιο 18x11 ιντσών. Αλείφουμε με ⅓ μείγμα σπανακιού, αφήνοντας περίγραμμα ½ ίντσας από όλες τις πλευρές. Καλύπτουμε τη γέμιση με 8 φέτες προσούτο και μετά ⅓ μοτσαρέλα. Διπλώστε 1 ίντσα από κάθε μακριά πλευρά πάνω από τη γέμιση. Βουρτσίστε τις άκρες των κοντών άκρων με νερό. Ξεκινώντας από το 1 κοντό άκρο, τυλίξτε τα ζυμαρικά σε ρολό με ζελέ ρολό. Τυλίξτε με τυρί και δέστε με κορδόνι για να κρατήσει το σχήμα. Επαναλάβετε με την υπόλοιπη ζύμη και τη γέμιση.

Βάλτε 2 ίντσες νερό να βράσει σε μεγάλο τηγάνι πάνω από τη σόμπα. Προσθέστε ρολά ζυμαρικών. Χαμηλώνουμε τη φωτιά, σκεπάζουμε και σιγοβράζουμε για 35 λεπτά.

Χρησιμοποιώντας 2 σπάτουλες, αφαιρέστε τα ρολά και κρυώστε. Αφαιρέστε απαλά το κορδόνι και το τυρόπανο. Τυλίξτε σφιχτά και βάλτε στο ψυγείο για μια νύχτα.

Κόψτε τα ρολά ζυμαρικών σε φέτες πάχους ½ ίντσας. Τακτοποιούμε σε πιατέλα. Αλείφουμε με ελαιόλαδο. Σερβίρουμε σε θερμοκρασία δωματίου με βινεγκρέτ λιαστής ντομάτας.

61. Ζυμαρικά για πάρτι με προσούτο

Κάνει: 6 μερίδες

ΣΥΣΤΑΤΙΚΑ:
1 συσκευασία (12 ουγκιές) φετουτσίνι σπανάκι
½ φλιτζάνι βούτυρο? διαιρεμένος
2 φλιτζάνια λεπτές λωρίδες προσούτο. (περίπου 1/3 λίβρα)
5½ φλιτζάνι σαντιγί
1 κουτάκι (14 ουγγιές) καρδιές αγκινάρας. στραγγίζουμε και κόβουμε στη μέση
½ φλιτζάνι ψιλοκομμένο φρέσκο ή κατεψυγμένο σχοινόπρασο

Μαγειρέψτε τα ζυμαρικά σύμφωνα με τις οδηγίες της συσκευασίας. διοχετεύω. Λιώστε ¼ φλιτζάνι βούτυρο σε ολλανδικό φούρνο σε μέτρια φωτιά. Προσθέστε προσούτο? σοτάρουμε μέχρι να ροδίσουν. Διοχετεύω.
Αφήνω στην άκρη.
Λιώστε το υπόλοιπο ¼ φλιτζάνι βούτυρο σε ολλανδικό φούρνο σε μέτρια φωτιά. Προσθέστε μαγειρεμένα ζυμαρικά, σαντιγί, καρδιές αγκινάρας και ¼ φλιτζάνι σχοινόπρασο. πετάξτε απαλά.
Μεταφορά σε πιατέλα σερβιρίσματος. πασπαλίζουμε με το προσούτο και το υπόλοιπο σχοινόπρασο.
Σερβίρετε αμέσως.

62. Τορτελίνια με αρακά και προσούτο

Κάνει: 4 μερίδες

ΣΥΣΤΑΤΙΚΑ:
15 ουγγιές Τορτελίνι? τυρί
1 ½ φλιτζάνι κρέμα σαντιγί
1 x μοσχοκάρυδο; φρεσκοτριμμένη πρέζα
6 κουταλιές της σούπας παρμεζάνα? φρεσκοτριμμένο
¾ φλιτζάνι μπιζέλια? κατεψυγμένο μικροσκοπικό αποψυγμένο
1½ ουγγιά Προσούτο? κομμένο με λίπος
1 x Αλάτι και φρεσκοτριμμένο πιπέρι

Μαγειρέψτε τα τορτελίνια σε μεγάλη κατσαρόλα με βραστό αλατισμένο νερό μέχρι να μαλακώσουν, ανακατεύοντας κατά διαστήματα για να μην κολλήσουν. Στραγγίζουμε καλά.

Εν τω μεταξύ, βάζετε την κρέμα γάλακτος να βράσει σε βαριά μεγάλη κατσαρόλα. Μειώστε τη θερμότητα.

Προσθέστε το μοσχοκάρυδο και σιγοβράστε μέχρι να πήξει ελαφρώς, περίπου 8 λεπτά.

Επιστρέψτε τα τορτελίνια στην κατσαρόλα. Προσθέστε ζεστή κρέμα, παρμεζάνα, αρακά και προσούτο. Σιγοβράζουμε σε χαμηλή φωτιά μέχρι να μαλακώσουν τα τορτελίνια και να δέσει η σάλτσα, ανακατεύοντας κατά διαστήματα, περίπου 4 λεπτά. Αλατοπιπερώνουμε. Μοιράζουμε σε τέσσερα ζεστά μπολ και σερβίρουμε.

ΣΑΛΑΤΕΣ ΚΑΙ ΠΛΕΥΡΕΣ

63. <u>Σαλάτα με προσούτο πεπόνι</u>

ΣΥΣΤΑΤΙΚΑ:
- 1/2 ώριμο πεπόνι
- 1/2 ώριμο μέλι δροσιά
- 8 ουγγιές προσούτο

a) Ξεφλουδίστε και ξεφλουδίστε τα πεπόνια και κόψτε τα σε κομμάτια 1 ίντσας (ή χρησιμοποιήστε ένα μπέιλερ για πεπόνι).
b) Ψιλοκόβουμε το προσούτο, ανακατεύουμε όλα μαζί και σερβίρουμε.

64. Σαλάτα ρόκα & μανιτάρια στρείδια

Κάνει: 4 – 6

ΣΥΣΤΑΤΙΚΑ:
- 3 κουταλιές της σούπας έξτρα παρθένο ελαιόλαδο
- μισό κιλό μανιτάρια στρείδια, κομμένα σε χοντρές φέτες
- Αλάτι και φρεσκοτριμμένο πιπέρι
- 2 κουταλιές της σούπας ξύδι βαλσάμικο
- ½ κουταλάκι του γλυκού ψιλοτριμμένο ξύσμα λεμονιού
- 2 εσωτερικά παϊδάκια σέλινου, κομμένα σε σπιρτόξυλα, συν ζουλιενωμένα φύλλα σέλινου, για γαρνίρισμα
- 5 φλιτζάνια baby ρόκα
- 3 ουγγιές Pecorino Romano ή άλλο αιχμηρό τυρί, ξυρισμένο με αποφλοιωτή λαχανικών
- 3 ουγγιές προσούτο ντι Πάρμα σε λεπτές φέτες

ΟΔΗΓΙΕΣ:
a) Σε ένα μεγάλο αντικολλητικό τηγάνι ζεσταίνουμε 1 κουταλιά της σούπας ελαιόλαδο. Προσθέτουμε τα μανιτάρια και αλατοπιπερώνουμε.

b) Μαγειρέψτε σε μέτρια δυνατή φωτιά, ανακατεύοντας περιστασιακά, μέχρι να μαλακώσουν και να ροδίσουν ελαφρά, περίπου 6 λεπτά. Μεταφέρετε τα μανιτάρια σε ένα μπολ και αφήστε τα να κρυώσουν.

c) Σε ένα μεγάλο μπολ χτυπάμε το ξύδι με το ξύσμα λεμονιού και τις υπόλοιπες 2 κουταλιές της σούπας ελαιόλαδο. Αλατοπιπερώνουμε. Προσθέστε τα σπιρτόξυλα σέλινου, τη ρόκα και τα μανιτάρια και ανακατέψτε απαλά.

d) Μεταφέρετε τη σαλάτα σε μια μεγάλη πιατέλα ή μπολ, προσθέστε από πάνω το Pecorino Romano, το προσούτο και τα φύλλα σέλινου. Σερβίρετε αμέσως.

65. Σαλάτα με σύκο, ζαμπόν και νεκταρίνι σε σιρόπι κρασιού

Κάνει: 1 μερίδα

ΣΥΣΤΑΤΙΚΑ:
- ½ φλιτζάνι λευκό ξηρό κρασί
- ½ φλιτζάνι Νερό
- ¼ φλιτζάνι Ζάχαρη
- 2 pints Φρέσκα πράσινα ή/και μοβ σύκα. στέλεχος
- 2 μεγάλα σφιχτά ώριμα νεκταρίνια
- ¼ λίβρα) κομμάτι ζαμπόν ή προσούτο, κομμένο σε λωρίδες
- Κλαδιά μέντας και/ή φρέσκα αμπελόφυλλα για γαρνίρισμα

ΟΔΗΓΙΕΣ:
a) Σε μια μικρή κατσαρόλα βράζουμε το κρασί και το νερό με τη ζάχαρη μέχρι να διαλυθεί η ζάχαρη, περίπου 3 λεπτά και αποσύρουμε το τηγάνι από τη φωτιά. Δροσίστε ελαφρά το σιρόπι κρασιού και κρυώστε. Το σιρόπι κρασιού μπορεί να παρασκευαστεί 1 εβδομάδα νωρίτερα και να παγώσει, σκεπασμένο.

b) Κόψτε τα σύκα στη μέση και κόψτε τα νεκταρίνια σε λεπτές φέτες. Σε ένα μπολ, ρίξτε απαλά τα φρούτα με το ζαμπόν ή το προσούτο και το μισό σιρόπι κρασιού.

c) Αραδιάζουμε τη σαλάτα σε μια πιατέλα και την περιχύνουμε με το υπόλοιπο σιρόπι κρασιού. Γαρνίρουμε τη σαλάτα με δυόσμο ή/και αμπελόφυλλα.

66.   Φασολάκια ψητά με προσούτο

Κάνει: 2

ΣΥΣΤΑΤΙΚΑ:
- ⬜4 φέτες προσούτο
- ⬜¼ κιλό πράσινα φασόλια, τα άκρα κομμένα
- ⬜1 μικρό κίτρινο κρεμμύδι, κομμένο σε φέτες
- ⬜ 1 κουταλιά της σούπας λάδι κανόλα

ΟΔΗΓΙΕΣ:
a) Προθερμάνετε το φούρνο της ψηφιακής φριτέζας αέρα στους 350 °F για λίγα λεπτά.

b) Σε ένα καλάθι φούρνου ninja και βάλτε το προσούτο και ψήστε το για 5 λεπτά στους 390 °F.

c) Παίρνουμε ένα μπολ και ανακατεύουμε τα υπόλοιπα υλικά.

d) Βγάζουμε το προσούτο από το φούρνο.

e) Βάζετε τα λαχανικά σε ένα καλάθι φούρνου και τα τηγανίζετε στον αέρα για 15 λεπτά ακόμη.

f) Θρυμματίζουμε το προσούτο και το πασπαλίζουμε πάνω από τα καβουρδισμένα πράσινα φασόλια.

g) Απολαμβάνω.

67. <u>Προσούτο τυλιγμένο με σπαράγγια</u>

Κάνει: 6

ΣΥΣΤΑΤΙΚΑ:
- 18 σπαράγγια κομμένα
- 6 φέτες προσούτο, κομμένες σε μακριές λεπτές λωρίδες

ΟΔΗΓΙΕΣ:
a) Τυλίξτε κάθε λωρίδα προσούτο γύρω από το δόρυ των σπαραγγιών.
b) Τοποθετήστε στο καλάθι της φριτέζας και ψήστε στους 180ºC, για 7 λεπτά.

68. Σαλάτα Αντιπάστο

ΣΥΣΤΑΤΙΚΑ:
- 1 μεγάλο κεφάλι ή 2 καρδιές romaine ψιλοκομμένες
- Προσούτο 4 ουγκιών κομμένο σε λωρίδες
- 4 ουγγιές σαλάμι ή πεπερόνι σε κυβάκια
- ½ φλιτζάνι καρδιές αγκινάρας κομμένες σε φέτες
- ½ φλιτζάνι ελιές μείγμα μαύρης και πράσινης
- ½ φλιτζάνι καυτερές ή γλυκές πιπεριές τουρσί ή ψητές
- Ιταλικό ντρέσινγκ για γεύση

ΟΔΗΓΙΕΣ:
a) Συνδυάστε όλα τα υλικά σε μια μεγάλη σαλατιέρα.
b) Περιχύστε με ιταλικό ντρέσινγκ.

69. <u>Κουτί σνακ Antipasto για δύο</u>

ΣΥΣΤΑΤΙΚΑ:

- 2 ουγγιές προσούτο σε λεπτές φέτες
- 2 ουγγιές σαλάμι, σε κύβους
- 1 ουγγιά τυρί γκούντα, κομμένο σε λεπτές φέτες
- 1 ουγγιά τυρί παρμεζάνα, κομμένη σε λεπτές φέτες
- ¼ φλιτζάνι αμύγδαλα
- 2 κουταλιές της σούπας πράσινες ελιές
- 2 κουταλιές της σούπας μαύρες ελιές

ΟΔΗΓΙΕΣ:

a) Τοποθετήστε το προσούτο, το σαλάμι, τα τυριά, τα αμύγδαλα και τ δοχείο προετοιμασίας γευμάτων.

b) Σκεπάζουμε και βάζουμε στο ψυγείο για έως και 4 ημέρες.

70. <u>Σαλάτα με σύκο και προσούτο</u>

Κάνει: 2

ΣΥΣΤΑΤΙΚΑ:
- 1 ντουζίνα φρέσκα σύκα Καλιφόρνιας
- 4 ουγγιές προσούτο σε φέτες
- 4 ουγγιές τυρί Manchego
- 2 χούφτες ρόκα άγριας ρόκας
- 1/4 φλιτζάνι μαριναρισμένες ελιές
- 1 κουταλιά της σούπας βαλσάμικο σύκο ή άλλο βαλσάμικο καλής ποιότητας
- 1 κουταλιά της σούπας ελαιόλαδο
- Αλάτι και πιπέρι για να γευτείς

ΟΔΗΓΙΕΣ:
a) Πλένουμε, βάζουμε το κοτσάνι και στα τέσσερα τα σύκα. Ομοιόμορφος χώρος σε μια μεγάλη σανίδα ή δίσκο.

b) Κόβουμε κάθε φέτα προσούτο στη μέση και τοποθετούμε στο ταμπλό με τα σύκα.

c) Χρησιμοποιώντας έναν αποφλοιωτή λαχανικών, ξυρίστε το τυρί Manchego σε λεπτές φέτες και πασπαλίστε πάνω από τα σύκα και το τυρί. Από πάνω ρίχνουμε τις ελιές και τη ρόκα.

d) Προσπαθήστε να είστε έξυπνοι σχετικά με την τοποθέτηση κάθε αντικειμένου. Αυτή δεν είναι μια πεταμένη σαλάτα και πρέπει να φαίνεται χαλαρά κομψή. Περιχύνετε την κορυφή της σαλάτας με βαλσαμικό ξύδι και λάδι. Πασπαλίζουμε με αλάτι και πιπέρι κατά βούληση και σερβίρουμε αμέσως.

71. Σαλάτα πρωινού γκρέιπφρουτ, αβοκάντο και προσούτο

ΣΥΣΤΑΤΙΚΑ:
- 1 μικρό γκρέιπφρουτ κόκκινο ρουμπινί
- 2 φλιτζάνια ψιλοκομμένο στήθος κοτόπουλου χωρίς πέτσα, χωρίς κόκαλα
- ¾ κουταλάκι του γλυκού σκούρο σησαμέλαιο
- ⅛ κουταλάκι του γλυκού φρεσκοτριμμένο μαύρο πιπέρι
- Δύναμη από αλάτι kosher
- 1 φλιτζάνι μικροπράσινα, μωρό ρόκα ή σκισμένο μαρούλι
- ½ ώριμο αποφλοιωμένο αβοκάντο, κομμένο σε λεπτές φέτες
- ¾ φλιτζάνι φρέσκα κομμάτια ανανά
- 1/2 φλιτζάνι μήλο Granny Smith ψιλοκομμένο
- ¼ φλιτζάνι καρότα
- 1/4 φλιτζάνι Edamame
- 1 πολύ λεπτή φέτα προσούτο
- περίσσευμα χούμους
- 3 κουταλιές της σούπας ψιλοκομμένα φρυγανισμένα φουντούκια
- κράκερ πολλαπλών σπόρων

ΟΔΗΓΙΕΣ:
a) Ξεφλουδίστε γκρέιπφρουτ? κόψτε κομμάτια από γκρέιπφρουτ σε ένα μεσαίο μπολ. Πιέστε τις μεμβράνες για να βγάλετε περίπου 1 κουταλιά της σούπας χυμό.

b) Αφήστε τα τμήματα στην άκρη. Προσθέστε λάδι, πιπέρι και αλάτι στο χυμό, ανακατεύοντας με ένα σύρμα. Προσθέστε χόρτα. πετάξει στο παλτό.

c) Τοποθετήστε τα χόρτα σε ένα πιάτο. κορυφή με κομμάτια γκρέιπφρουτ, αβοκάντο, ανανά, edamame, καρότα και προσούτο.

d) Σερβίρουμε με χούμους, φουντούκια και κράκερ πολλαπλών σπόρων.

72. Ψητή γλυκοπατάτα και σαλάτα προσούτο

Κάνει: 8

ΣΥΣΤΑΤΙΚΑ:
- Μέλι 1 κουταλάκι του γλυκού
- Χυμός λεμονιού 1 κουταλιά της σούπας
- Πράσινα κρεμμυδάκια (χωρισμένα και κομμένα σε φέτες) 2
- Γλυκό κόκκινο πιπέρι (ψιλοκομμένο) 1/4 φλ
- Πεκάν (ψιλοκομμένο και φρυγανισμένο) 1/3 φλ
- Ραπανάκια (σε φέτες) 1/2 φλ
- Προσούτο (σε λεπτές φέτες και ζουλιέν) 1/2 φλ
- Πιπέρι 1/8 κουτ
- 1/2 κουταλάκι του γλυκού Αλάτι (μοιρασμένο)
- 4 κουταλιές της σούπας ελαιόλαδο (μοιρασμένο)
- 3 γλυκοπατάτες, μέτριες (ξεφλουδισμένες και κομμένες σε κύβους σε 1 ίντσα)

a) Στους 400 βαθμούς Φ, προθερμάνετε το φούρνο. Τοποθετούμε τις γλυκοπατάτες σε ένα ταψί με λαδόκολλα (15x10x1 ίντσες).

b) Ρίξτε 2 κουταλιές της σούπας λάδι και πασπαλίστε 1/4 κουταλάκι του γλυκού αλάτι και πιπέρι και ρίξτε τα σωστά. Ψήνουμε για μισή ώρα και πάλι περιοδικά.

c) Πασπαλίστε λίγο προσούτο πάνω από τις γλυκοπατάτες και ψήστε το για 10 με 15 λεπτά μέχρι να μαλακώσουν οι γλυκοπατάτες και το προσούτο γίνει τραγανό.

d) Μεταφέρετε το μείγμα σε ένα μεγάλο μπολ και αφήστε το να κρυώσει ελαφρώς.

e) Προσθέστε τα μισά από τα πράσινα κρεμμυδάκια, την κόκκινη πιπεριά, τα πεκάν και τα ραπανάκια. Πάρτε ένα μικρό μπολ, χτυπήστε ελαφρά το αλάτι, το υπόλοιπο λάδι, το μέλι και το χυμό λεμονιού μέχρι να αναμειχθούν καλά.

f) Περιχύστε το πάνω από τη σαλάτα. ανακατεύουμε σωστά να ενωθούν. Πασπαλίζουμε με τα υπόλοιπα φρέσκα κρεμμυδάκια.

73. <u>Σαλάτα με προσούτο μοσχαρίσιο στη σχάρα</u>

Φτιάχνει: 1 Μερίδα

ΣΥΣΤΑΤΙΚΑ:
- ½ φλιτζάνι ελαιόλαδο
- 3 σκελίδες σκόρδο? χοντροκομμένα
- 4 κλωναράκια δεντρολίβανο
- 8 ουγγιές? μοσχαρίσιο φιλέτο
- Αλάτι και φρεσκοτριμμένο μαύρο πιπέρι
- 2 λεμόνια? ψημένο
- 1 κουταλιά της σούπας Ασαλότ χοντροκομμένο
- 1 κουταλιά της σούπας φρέσκο δεντρολίβανο χοντροκομμένο
- 3 σκελίδες σκόρδο ψητές στη σχάρα
- ½ φλιτζάνι ελαιόλαδο
- Αλάτι και φρεσκοτριμμένο πιπέρι
- 8 φλιτζάνια μαρούλι ρομά κομμένο σε κύβους
- Βινεγκρέτ σκόρδου ψητή λεμόνι στη σχάρα
- 8 τμήματα Προσούτο; ζουλιενισμένος
- 12 Κρεμμύδια? ψημένα στη σχάρα και σε κύβους
- 2 κόκκινες ντομάτες. σε κύβους
- 2 ντομάτες κίτρινες. σε κύβους
- 1½ φλιτζάνι θρυμματισμένη Gorgonzola
- Ψητό μοσχαρίσιο φιλέτο? σε κύβους
- 4 Σκληρά μαγειρεμένα αυγά. ξεφλουδισμένα και κομμένα σε κύβους
- 2 Haas αβοκάντο; ξεφλουδισμένος, χωρίς κουκούτσι
- Σχοινόπρασο κομμένο σε κύβους
- 8 σκελίδες σκόρδο ψητές
- 2 Κολλάει ανάλατο βούτυρο. μαλάκωσε
- Αλάτι και φρεσκοτριμμένο πιπέρι
- 16 τμήματα ιταλικό ψωμί. Τμηματοποιημένη 1/4 ίντσας
- ¼ φλιτζάνι μαϊντανός ψιλοκομμένος
- ¼ φλιτζάνι ρίγανη σε κύβους

ΟΔΗΓΙΕΣ:

a) Ανακατεύουμε το λάδι, το σκόρδο και το δεντρολίβανο σε ένα μικρό ρηχό ταψί. Προσθέστε το μοσχάρι και ανακατέψτε να στραγγιστεί. Σκεπάζουμε και βάζουμε στο ψυγείο για τουλάχιστον 2 ώρες ή όλη τη νύχτα. Αφήστε το να καθίσει σε θερμοκρασία δωματίου για 30 λεπτά πριν το ψήσετε

b) Ζεσταίνουμε τη σχάρα. Βγάζετε το βόειο κρέας από την άλμη, αλατοπιπερώνετε για γεύση και ψήνετε στη σχάρα για 4 έως 5 λεπτά από κάθε πλευρά για μέτρια σπάνια ψητό.

74. Καρδιές αγκινάρας και προσούτο

Φτιάχνει: 1 μερίδα

ΣΥΣΤΑΤΙΚΑ:
14 ουγγιές Μπορεί καρδιές αγκινάρας, στραγγισμένες
⅓ κιλά Προσούτο, κομμένο σε λεπτές φέτες
¼ φλιτζάνι ελαιόλαδο
½ κουταλάκι του γλυκού Θυμάρι ξερό
½ κουταλάκι του γλυκού ψιλοτριμμένη φλούδα πορτοκαλιού
Φρεσκοτριμμένο πιπέρι

a) Τυλίξτε κάθε καρδιά αγκινάρας σε μια φέτα προσούτο και στερεώστε με μια οδοντογλυφίδα.
b) Σε ένα ξεχωριστό μπολ, χτυπήστε μαζί το ελαιόλαδο, το θυμάρι, τη φλούδα πορτοκαλιού και το πιπέρι.
c) Σερβίρετε σε θερμοκρασία δωματίου.

75.   Μάραθος με μανιτάρια & προσούτο

Κάνει: 8 μερίδες

ΣΥΣΤΑΤΙΚΑ:

- 8 κεφάλια μάραθο
- 1¼ c ζωμός κότας
- ¾ c λευκό κρασί, ελαφρώς γλυκό
- 1 κιλό μανιτάρια σε φέτες
- 2 ουγκιές προσούτο, κομμένο σε λεπτές φέτες: και ψιλοκομμένο

a) Κόψτε τα κοτσάνια του μάραθου και τα πουπουλένια χόρτα. Κρατήστε τα πουπουλένια χόρτα, ψιλοκόβοντας αρκετά από αυτά για να φτιάξετε ¼ φλ. (Αν ετοιμάζετε, κρυώστε 2 κουταλιές της σούπας από τα χόρτα του κιμά, καθώς και τα υπόλοιπα πουπουλένια κλωνάρια για να τα χρησιμοποιήσετε για να γαρνίρετε την πιατέλα όταν σερβίρετε.) Κρατήστε τα κοτσάνια μάραθου για χρήση σε σούπες ή ζωμό.

b) Κόψτε τυχόν καφέ κηλίδες από τους βολβούς. τακτοποιήστε σε μια στρώση σε ένα ταψί 5 έως 6 λίτρων. Περιχύνουμε με ζωμό και κρασί. σκεπάζουμε και αφήνουμε να πάρει μια βράση σε δυνατή φωτιά, στη συνέχεια σιγοβράζουμε μέχρι να μαλακώσει πολύ ο μάραθος όταν τρυπηθεί, 35 με 45 λεπτά.

c) Αφήστε στην άκρη μέχρι να κρυώσει αρκετά για να χειριστείτε: κρατήστε το υγρό μαγειρέματος.

d) Όσο μαγειρεύεται ο μάραθος, συνδυάστε τα μανιτάρια, το προσούτο και 2 κουταλιές της σούπας χόρτα μάραθου σε ένα αντικολλητικό τηγάνι 8 έως 10 ιντσών.

e) Σκεπάζουμε και μαγειρεύουμε σε μέτρια προς δυνατή φωτιά μέχρι να βγάλουν χυμό τα μανιτάρια, περίπου 7 λεπτά.

f) Ξεσκεπάζουμε και μαγειρεύουμε, ανακατεύοντας συχνά, μέχρι να εξατμιστούν τα υγρά και να ροδίσουν τα μανιτάρια, περίπου 15 λεπτά. αφήνω στην άκρη.

g) Με ένα μικρό μαχαίρι και ένα κουτάλι με αιχμηρές άκρες, αφαιρέστε το εσωτερικό μέρος των βολβών μάραθου έτσι ώστε να έχετε ένα κέλυφος πάχους ¼ ίντσας, διατηρώντας το κέλυφος ανέπαφο.

h) Ρίξτε το μείγμα των μανιταριών εξίσου σε βολβούς. Τοποθετήστε τους βολβούς σε ένα ταψί αρκετά μεγάλο για να τους κρατήσει σε μια στρώση. Ρίξτε από πάνω τους κρατημένο μαγειρικό υγρό.

i) Ψήνουμε γεμιστές βολβούς μάραθου, σκεπασμένους, σε φούρνο 375F/190C για 15 λεπτά. ξεσκεπάζετε και συνεχίζετε το ψήσιμο μέχρι να ζεσταθεί, περίπου 10 λεπτά ακόμη (20 λεπτά αν ετοιμαστεί και κρυώσει).

j) Μεταφέρετε τους λαμπτήρες σε μια πιατέλα σερβιρίσματος. πασπαλίζουμε ελαφρά με τα υπόλοιπα χόρτα μάραθου και γαρνίρουμε την πιατέλα με κλωναράκια μάραθου.

76. Μάνγκο & προσούτο

Κάνει: 50 Μερίδες

ΣΥΣΤΑΤΙΚΑ:
- ½ κιλά Προσούτο σε λεπτές φέτες
- 5 σφιχτά ώριμα μάνγκο, ξεφλουδισμένα και κομμένα σε κομμάτια 1 ίντσας
- Σφήνες λάιμ ως συνοδευτικό

Κόψτε κάθε φέτα προσούτο στα τέταρτα και τυλίξτε κάθε τέταρτο γύρω από ένα κομμάτι μάνγκο, στερεώνοντάς το με μια ξύλινη λαβή. Αραδιάζουμε τα ορεκτικά σε μια παγωμένη πιατέλα και τα σερβίρουμε με τις φέτες λάιμ.

77. <u>**Μποκοντσίνι με ψητά κολοκυθοσαλάτα και προσούτο**</u>

Φτιάχνει: 1 μερίδα

ΣΥΣΤΑΤΙΚΑ:
● 1 κιλό Bocconcini; μπαλάκια μοτσαρέλα
● 3 κουταλιές της σούπας εξαιρετικό παρθένο ελαιόλαδο. συν 3 κουταλιές της σούπας
● 1 κουταλιά της σούπας ψιλοκομμένα φύλλα φρέσκου θυμαριού
● 1 κουταλιά της σούπας ψιλοκομμένα φύλλα φρέσκιας ρίγανης
● ¼ κουταλάκι του γλυκού θρυμματισμένες νιφάδες κόκκινου τσίλι
● Αλάτι και πιπέρι για να γευτείς
● 2 μέτρια κολοκυθάκια, περίπου 1 κιλό, κομμένα κατά μήκος
● Ξύσμα από 1 λεμόνι
● 1 ματσάκι σχοινόπρασο, αφαιρούνται οι άκρες
● 2 μέτριες ντομάτες Plum, κομμένες σε κύβους 1/4 ίντσας
● 2 κουταλιές της σούπας ξύδι από κόκκινο κρασί
● 1 ματσάκι ιταλικό μαϊντανό, ψιλοκομμένο μέχρι
● ¼ κιλά Προσούτο, κομμένο σε φέτες χαρτί λεπτές από το χασάπη

Στραγγίζουμε το μποκοντσίνι από το υγρό που μπήκε. Σε ένα μπολ βάζουμε τα κολοκυθάκια, 3 κουταλιές της σούπας έξτρα παρθένο ελαιόλαδο, το θυμάρι, τη ρίγανη, τις θρυμματισμένες νιφάδες κόκκινου τσίλι και αλατοπίπερο. Αφήνουμε στην άκρη τουλάχιστον 1 ώρα.

Τοποθετήστε τις φέτες κολοκυθιού στη σχάρα και μαγειρέψτε μέχρι να μαλακώσουν αλλά όχι πραγματικά μαλακά. Βγάζουμε από τη σχάρα και το βάζουμε σε μεσαίο μπολ. Προσθέστε το ξύσμα λεμονιού, το σχοινόπρασο ολόκληρο, τα κομμάτια ντομάτας δαμάσκηνου, το ξύδι και τον ψιλοκομμένο μαϊντανό. Ανακατεύουμε απαλά να καλύψουν τα κολοκυθάκια και τα μοιράζουμε σε 4 πιάτα. Τοποθετούμε 3 μποκοντσίνι πάνω από κάθε σωρό κολοκυθάκια και τα αφήνουμε στην άκρη. Στοιβάζετε όλο το προσούτο απευθείας το ένα πάνω στο άλλο και κόβετε τη φέτα σε ζουλιέν με σπιρτόξυλο. Πασπαλίζουμε από πάνω μοτσαρέλα και κολοκυθάκια και σερβίρουμε αμέσως.

ΠΙΤΣΑ

78. Πίτσα με προσούτο και ρόκα

ΣΥΣΤΑΤΙΚΑ:

- 1 κιλό ζύμη πίτσας, σε θερμοκρασία δωματίου, χωρισμένη
- 2 κουταλιές της σούπας ελαιόλαδο
- 1/2 φλιτζάνι σάλτσα ντομάτας
- 1 1/2 φλιτζάνι τριμμένο τυρί μοτσαρέλα (6 ουγκιές)
- 8 λεπτές φέτες προσούτο
- Μερικές μεγάλες χούφτες ρόκα

ΟΔΗΓΙΕΣ:

a) Εάν έχετε μια πέτρα πίτσας, τοποθετήστε την σε μια σχάρα στη μέση του φούρνου. Ζεσταίνουμε το φούρνο στους 550°F (ή μέγιστη θερμοκρασία φούρνου) για τουλάχιστον 30 λεπτά.

b) Εάν μεταφέρετε την πίτσα σε μια πέτρα στο φούρνο, τη συναρμολογήστε σε μια καλά αλευρωμένη φλούδα ή ξύλο κοπής. Διαφορετικά, συναρμολογήστε στην επιφάνεια που θα μαγειρέψετε (χαρτί λαδόκολλας, ταψί κ.λπ.). Δουλεύοντας με ένα κομμάτι ζύμης τη φορά, τυλίξτε το ή τεντώστε το σε έναν κύκλο 10 έως 12 ιντσών.

c) Αλείψτε τις άκρες της ζύμης με 1 κουταλιά της σούπας ελαιόλαδο. Απλώστε τη μισή σάλτσα ντομάτας πάνω από την υπόλοιπη ζύμη.

d) Πασπαλίζουμε με περίπου το 1/4 του τυριού. Στρώνουμε 4 φέτες προσούτο ώστε να καλύπτουν ομοιόμορφα τη ζύμη. Πασπαλίζουμε με άλλο 1/4 του τυριού.

e) Ψήστε την πίτσα μέχρι να ροδίσουν ελαφρά οι άκρες και το τυρί να ροδίσει και να ροδίσει σε σημεία, περίπου 6 λεπτά στους 550°F.

f) Βγάζουμε από το φούρνο σε ένα ξύλο κοπής, σκορπίζουμε τη μισή ρόκα από πάνω και κόβουμε και σερβίρουμε αμέσως.

g) Επαναλάβετε με την υπόλοιπη ζύμη και τις επικαλύψεις.

79.   <u>Πίτσα Four Seasons/Quattro Stagioni</u>

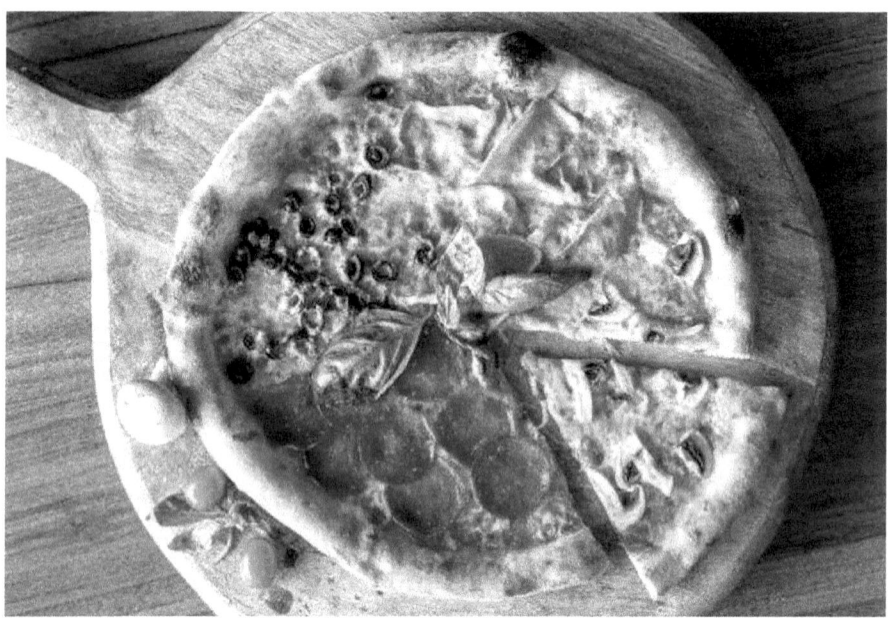

Κάνει: 1 μεγάλη πίτσα

ΣΥΣΤΑΤΙΚΑ:
- 1 συνταγή για παραδοσιακή ιταλική βασική ζύμη
- Μοτσαρέλα, 6 ουγγιές, σε φέτες
- Προσούτο, 3 ουγγιές, σε φέτες
- Μανιτάρι Shiitake, Ένα φλιτζάνι, σε φέτες
- Ελιές, ½ φλιτζάνι, κομμένες σε φέτες
- Σάλτσα πίτσας, μισό φλιτζάνι
- Καρδιές αγκινάρας σε τέταρτα, Ένα φλιτζάνι
- Τριμμένη Parmigiana, 2 ουγκιές

ΟΔΗΓΙΕΣ:
a) Πλάθουμε τη ζύμη σε κύκλο διαμέτρου 14 ιντσών. Κάνετε αυτό κρατώντας τις άκρες και περιστρέφοντας και τεντώνοντας προσεκτικά τη ζύμη.

b) Περάστε τη ζύμη με σάλτσα πίτσας.

c) Μοιράζουμε ομοιόμορφα τις φέτες μοτσαρέλας από πάνω.

d) Αργότερα οι καρδιές αγκινάρας, το προσούτο, τα μανιτάρια και οι ελιές στα τέσσερα τέταρτα της πίτσας.

e) Σκορπίζουμε από πάνω την τριμμένη Parmigiana.

f) Ψήστε στο γκριλ/ψητό για 18 λεπτά.

80. **Πίτσα σε στυλ Νέας Ορλεάνης**

Κάνει: 1 μεγάλη πίτσα

ΣΥΣΤΑΤΙΚΑ:
- 1 κρούστα πίτσας
- Σκόρδο, 2 σκελίδες, ψιλοκομμένες
- Μαύρες ελιές χωρίς κουκούτσι, 8
- Τριμμένη παρμεζάνα, 2 ουγγιές
- Πράσινες ελιές χωρίς κουκούτσι, 8
- Προσούτο σε φέτες, 4 ουγγιές
- Κρεμμύδι, 2 κουταλιές της σούπας, ψιλοκομμένο
- Αποξηραμένη ρίγανη, μισό κουτ
- Φρέσκος βασιλικός ψιλοκομμένος, 6 φύλλα
- Σαλάμι, 2 ουγκιές, σε φέτες
- Τυρί μοτσαρέλα, δύο ουγγιές
- Σέλινο ψιλοκομμένο, 2 κουταλιές της σούπας
- Φρέσκος μαϊντανός, μία κουταλιά της σούπας, ψιλοκομμένος
- Ελαιόλαδο, 2 κουταλιές της σούπας
- Αλάτι και τριμμένο μαύρο πιπέρι
- Ελαιόλαδο, μία κουταλιά της σούπας
- Σκόνη σκόρδου, ½ κουτ
- Τυρί Προβολόνε, Δύο ουγγιές
- Μορταδέλα σε φέτες, Δύο ουγγιές

ΟΔΗΓΙΕΣ:
a) Ανακατεύουμε όλα τα υλικά, εκτός από το τυρί.
b) Γεμίστε την πίτσα με το μείγμα.
c) Ψήστε για περίπου 5 λεπτά στους 500 βαθμούς F.
d) Βάζουμε από πάνω το τυρί και το ψήνουμε για περίπου 5 λεπτά.
Κόβουμε και σερβίρουμε.

81. Πίτσα με αγκινάρα και προσούτο

Φτιάχνει: 4 πίτσες

ΣΥΣΤΑΤΙΚΑ:
- Καρδιές αγκινάρας ψιλοκομμένες
- Κόκκινο κρεμμύδι, κομμένο σε φέτες
- Τυρί μοτσαρέλα τριμμένο, ένα φλιτζάνι
- Φρέσκος βασιλικός, για γαρνίρισμα
- Προσούτο
- Ψητή σάλτσα κόκκινης πιπεριάς, ένα φλιτζάνι
- Τυρί παρμεζάνα, μισή κούπα, τριμμένη
- Ψητές κόκκινες πιπεριές

ΟΔΗΓΙΕΣ:
a) Προθερμαίνουμε το φούρνο στους 450 βαθμούς Φαρενάιτ.

b) Αλείψτε ελαφρά κάθε πίτα με ελαιόλαδο και από τις δύο πλευρές.

c) Βάλτε σάλτσα κόκκινης πιπεριάς και τριμμένη μοτσαρέλα πάνω από κάθε πίτα.

d) Περιχύνουμε με αλάτι, παρμεζάνα και περισσότερα ψιλοκομμένα toppings.

e) Ψήνουμε για 5 λεπτά και σερβίρουμε γαρνίροντας με φρέσκο βασιλικό.

a) Πίτσα προσούτο και ρόκα

Κάνει: 1 μεγάλη πίτσα

ΣΥΣΤΑΤΙΚΑ:
- 1 συνταγή για παραδοσιακή ιταλική βασική ζύμη
- Προσούτο, 2 ουγγιές
- Σάλτσα πίτσας, ένα τέταρτο της κούπας
- Βαλσάμικο ξύδι, μία κουταλιά της σούπας
- Μοτσαρέλα, 3 ουγγιές, σε φέτες
- Φύλλα ρόκας, Μισό φλιτζάνι

ΟΔΗΓΙΕΣ:
a) Πλάθουμε τη ζύμη σε κύκλο διαμέτρου 14 ιντσών. Κάνετε αυτό κρατώντας τις άκρες και περιστρέφοντας και τεντώνοντας προσεκτικά τη ζύμη.

b) Απλώστε τη σάλτσα πίτσας ομοιόμορφα σε όλη τη ζύμη.

c) Ευθυγραμμίστε ομοιόμορφα τις φέτες μοτσαρέλας στην πίτσα.

d) Καλύπτουμε την πίτσα με τα φύλλα ρόκας και τελειώνουμε με τις λωρίδες προσούτο.

e) Ψήνουμε στο γκριλ/ψήνουμε για 15 λεπτά.

f) Ψύξτε και στη συνέχεια περιχύστε με βαλσάμικο ξύδι πριν το κόψετε σε φέτες.

82. Συγκομίστε πίτσα κολοκυθιού και μήλου

Κάνει: 4

ΣΥΣΤΑΤΙΚΑ:

- 1 κουταλιά της σούπας έξτρα παρθένο ελαιόλαδο, συν περισσότερο για άλειμμα
- 2 ασκαλώνια, κομμένα σε λεπτές φέτες
- ½ κιλό ψωμί χωρίς ζύμωμα και ζύμη πίτσας
- 2 κουταλιές της σούπας βούτυρο μήλου
- 1 μήλο Honeycrisp, κομμένο σε λεπτές φέτες
- 1 φλιτζάνι τριμμένο τυρί μοτσαρέλα
- ½ φλιτζάνι τριμμένο κοφτερό τυρί τσένταρ
- ½ μικρή κολοκύθα βουτύρου, ξυρισμένη σε κορδέλες χρησιμοποιώντας έναν αποφλοιωτή λαχανικών
- 8 φρέσκα φύλλα φασκόμηλου
- 3 ουγγιές προσούτο κομμένο σε λεπτές φέτες, σκισμένο
- Αλάτι Kosher και φρεσκοτριμμένο πιπέρι
- Νιφάδες θρυμματισμένες κόκκινες πιπεριές
- 2 ουγγιές μπλε τυρί, θρυμματισμένο (προαιρετικά)
- Μέλι, για ψιλόβροχο
- Φύλλα φρέσκου θυμαριού, για το σερβίρισμα

ΟΔΗΓΙΕΣ:

a) Προθερμάνετε το φούρνο στους 450°F. Λαδώνουμε ένα ταψί.

b) Ζεσταίνουμε τη 1 κουταλιά της σούπας ελαιόλαδο σε ένα μέτριο τηγάνι σε δυνατή φωτιά. Όταν το λάδι γυαλίσει, προσθέστε τα ασκαλώνια και μαγειρέψτε μέχρι να μυρίσουν, 2 με 3 λεπτά. Αποσύρουμε το τηγάνι από τη φωτιά.

c) Σε μια ελαφρώς αλευρωμένη επιφάνεια εργασίας, ανοίξτε τη ζύμη σε πάχος ¼ ίντσας. Μεταφέρετε προσεκτικά τη ζύμη στο έτοιμο ταψί.

d) Απλώστε το βούτυρο μήλου πάνω από τη ζύμη, αφήνοντας ένα περίγραμμα 1 ίντσας. Προσθέστε τα σοταρισμένα ασκαλώνια και τις φέτες μήλου.

e) Στρώνουμε τη μοτσαρέλα και το τσένταρ και στη συνέχεια ρίχνουμε το βουτυρόκοκκο, το φασκόμηλο και το προσούτο. Καρυκεύστε την πίτσα με μια πρέζα αλάτι, πιπέρι και νιφάδες κόκκινου πιπεριού και πασπαλίστε από πάνω το μπλε τυρί (αν χρησιμοποιείτε).

f) Ψήνουμε μέχρι να ροδίσει η κρούστα και να λιώσει το τυρί, για 10 με 15 λεπτά. Περιχύστε με μέλι και πασπαλίστε με θυμάρι για να τελειώσετε. Κόβουμε και σερβίρουμε.

83. Micro Leaves Pesto & Arugula Pizza

Κάνει: 6

ΣΥΣΤΑΤΙΚΑ:
- 1 ζύμη πίτσας
- 6 κουταλιές της σούπας μικρορόκα & πέστο λεμονιού
- 1 φλιτζάνι μοτσαρέλα
- 1 φλιτζάνι ντοματίνια
- 4 ουγγιές Προσούτο
- 1 κούπα Lemon Microgreens
- Μαύρο πιπέρι

ΟΔΗΓΙΕΣ:
a) Γυρίστε τη ζύμη σε μια καλά αλευρωμένη επιφάνεια.

b) Πασπαλίζουμε από πάνω λίγο αλεύρι και το χωρίζουμε σε 2 κομμάτια.

c) Τυλίξτε σε 2 μπάλες και στη συνέχεια τεντώστε τη ζύμη.

d) Αλευρώνετε τα δάχτυλά σας και στη συνέχεια πλάθετε τη ζύμη σε κυκλικά σχήματα.

e) Προσθέστε μικρο-ρόκα & πέστο λεμονιού, λίγη φρέσκια μοτσαρέλα, μερικές φέτες φρέσκα ντοματίνια, προσούτο και φρέσκο πιπέρι, αν θέλετε.

f) Ψήνετε την πίτσα σε προθερμασμένο φούρνο στην υψηλότερη θερμοκρασία, περίπου 500 °F για 10-15 λεπτά μέχρι οι επικαλύψεις να φαίνονται ψημένες και ψημένες και η κρούστα να είναι χρυσή.

84. Πίτσα ψητή στα βότανα με προσούτο

Κάνει: 4 μερίδες

ΣΥΣΤΑΤΙΚΑ:
- ¼ φλιτζάνι ψιλοκομμένο φρέσκο μαϊντανό
- 2 κουταλιές της σούπας φρέσκια ρίγανη ψιλοκομμένη
- 1 κιλό ζύμη πίτσας
- Καλαμποκάλευρο
- 2 κουταλιές της σούπας ελαιόλαδο
- 2½ φλιτζάνι τριμμένο τυρί Fontina (1/2 λίβρα)
- ⅔ φλιτζάνι σάλτσα ντομάτας
- ¼ φλιτζάνι ψιλοκομμένος φρέσκος βασιλικός
- 6 λεπτές φέτες προσούτο ή ζαμπόν, χοντροκομμένες

Σε ελαφρά αλευρωμένη επιφάνεια ζυμώνουμε τον μαϊντανό και τη ρίγανη να γίνει ζύμη μέχρι να κατανεμηθούν ομοιόμορφα. Κόβουμε στη μέση και πλάθουμε μπαλάκια. σκεπάζουμε και αφήνουμε να ξεκουραστεί για 15 λεπτά. Ανοίξτε κάθε μπάλα σε λεπτή πλάκα για να κάνετε στρογγυλό 12 ιντσών.

Τοποθετήστε κάθε γύρο πίτσας σε ταψί πίτσας με καλαμποκάλευρο. αλείψτε με λίγο από το λάδι. Διασκορπίστε ομοιόμορφα το τυρί από πάνω. κουτάλι σάλτσα ντομάτας πάνω από το τυρί. Περιχύστε με το υπόλοιπο λάδι.

Τοποθετήστε σε φούρνο 500°F ή σε καλυμμένη λαδόκολλα σε μέτρια προς δυνατή φωτιά. μαγειρέψτε για περίπου 12 λεπτά ή μέχρι να γίνει τραγανή η κρούστα και το τυρί να λιώσει και να αφρατέψει. Σκορπίζουμε από πάνω βασιλικό και προσούτο.

85. Πίτσα με σύκο και προσούτο

Φτιάχνει: 1 μερίδα

ΣΥΣΤΑΤΙΚΑ:
- 2 Στρογγυλά Σύκα Ζύμη Πίτσας
- Καλαμποκάλευρο; για πασπάλισμα
- 2 κουταλάκια του γλυκού ελαιόλαδο
- ½ κουταλάκι του γλυκού ψιλοκομμένο σκόρδο
- 2 Πρέζες χοντρό αλάτι
- 2 Πρέζες μαύρο φρεσκοτριμμένο πιπέρι
- 1 κουταλάκι του γλυκού ψιλοκομμένα φύλλα φρέσκου δεντρολίβανου
- ½ φλιτζάνι μαρμελάδα σύκο?
- 4 ουγγιές τυρί Gorgonzola? θρυμματίστηκε σε
- Κομμάτια σε μέγεθος μπιζελιού
- 3 ουγγιές προσούτο σε λεπτές φέτες
- 1 Κρεμμύδι? σε λεπτές φέτες κατά μήκος

Μία ώρα πριν το μαγείρεμα, τοποθετήστε μια πέτρα ψησίματος στο φούρνο και θερμαίνετε στους 500 βαθμούς.

Ανοίγετε μια ζύμη πίτσας όσο πιο λεπτή γίνεται. Τοποθετήστε το σε μια φλούδα πίτσας πασπαλισμένη με καλαμποκάλευρο. Καλύψτε την επιφάνεια με 1 κουταλάκι του γλυκού λάδι, ¼ κουταλάκι του γλυκού ψιλοκομμένο σκόρδο, 1 πρέζα αλάτι και πιπέρι και ½ κουταλάκι του γλυκού δεντρολίβανο ψιλοκομμένο. Φροντίστε να αφήσετε ένα ακάλυπτο εξωτερικό χείλος πλάτους 1 ίντσας μέχρι το τέλος. Ρίξτε ομοιόμορφα ¼ φλιτζάνι μαρμελάδα σύκο και 2 ουγγιές τυρί Gorgonzola στην πίτσα. Από πάνω το μισό προσούτο.
Ανακινήστε ελαφρά το κουπί και σύρετε την πίτσα πάνω στην πέτρα ψησίματος. Ψήστε μέχρι να ροδίσουν, περίπου 6 με 7 λεπτά. Μεταφέρουμε σε σφιχτή επιφάνεια και κόβουμε σε φέτες. Σερβίρετε αμέσως, γαρνίροντας με το μισό κρεμμύδι σε φέτες.

Επαναλάβετε με την υπόλοιπη ζύμη.

86.   Πίτσα τόνου με καπονάτα και προσούτο

Κάνει: 4 μερίδες

ΣΥΣΤΑΤΙΚΑ:
1 κέλυφος ιταλικού ψωμιού 12 ιντσών για πίτσα
1 κουταλάκι του γλυκού ελαιόλαδο
1 κονσέρβα (7 1/2 oz.) caponata
1 κουτί (6 oz.) λευκό τόνο? στραγγισμένο και τεμαχισμένο
8 φέτες (1 oz.) προσούτο
2 ντομάτες δαμάσκηνο? σε φέτες 1/4, μέχρι 3
1 φλιτζάνι τυρί φέτα τριμμένη
1 φλιτζάνι τριμμένο τυρί μοτσαρέλα
Τριμμένο κόκκινο πιπέρι

1. Τοποθετήστε το κέλυφος του ψωμιού σε ταψί με επένδυση αλουμινόχαρτου. αλείφουμε μέχρι την άκρη με λάδι.
2. Απλώστε την caponata σε απόσταση 1 ίντσας από την άκρη.
3. Από πάνω βάζουμε τόνο, προσούτο, ντομάτες, φέτα και μοτσαρέλα.
4. Ψήνουμε σε φούρνο στους 450 βαθμούς F για 10 με 12 λεπτά ή μέχρι να λιώσουν τα τυριά και να ζεσταθεί η πίτσα. Ψύξτε 1 λεπτό πριν το κόψετε. Σερβίρουμε με τριμμένη κόκκινη πιπεριά, αν θέλουμε.

87.   Πίτσα προσούτο-ντομάτας

Κάνει: 12 μερίδες

ΣΥΣΤΑΤΙΚΑ:
- 1 κουτάκι σάλτσα ντομάτας? (8 ουγγιές)
- 1 κουταλάκι του γλυκού ιταλικό καρύκευμα
- 1 σκελίδα σκόρδο? ψιλοκομμένο
- 3 φλιτζάνια τριμμένο τυρί μοτσαρέλα ή φοντίνα. (12 ουγγιές)
- 1 μικρό κρεμμύδι? κομμένο σε λεπτές φέτες και χωρισμένο σε δαχτυλίδια
- ¼ φλιτζάνι τριμμένη παρμεζάνα
- 2 κουταλιές της σούπας ψιλοκομμένο φρέσκο ή
- 2 κουταλάκια αποξηραμένα φύλλα βασιλικού
- ½ κιλό Προσούτο
- 2 μεγάλες ντομάτες Plum

ΚΡΟΥΣΤΑ
- 1 συσκευασία Ενεργή ξηρή μαγιά
- 1 φλιτζάνι ζεστό νερό? (105 έως 115f)
- 2½ φλιτζάνι αλεύρι για όλες τις χρήσεις
- 2 κουταλιές της σούπας ελαιόλαδο ή φυτικό λάδι
- 1 κουταλάκι του γλυκού Ζάχαρη
- 1 κουταλάκι του γλυκού Αλάτι

Τοποθετήστε τη σχάρα του φούρνου στη χαμηλότερη θέση. Λαδώνουμε 2 φύλλα μπισκότων ή ταψιά πίτσας 12 ιντσών. Προθερμάνετε το φούρνο στους 425 F. Ετοιμάζουμε την κρούστα. Ανακατέψτε τη σάλτσα ντομάτας, τα ιταλικά καρυκεύματα και το σκόρδο. Κόψτε το προσούτο ή το πλήρως ψημένο καπνιστό ζαμπόν σε λωρίδες ζουλιέν (2 X ¼ X ⅛ ίντσα). Χωρίζουμε τη ζύμη στη μέση. Περάστε κάθε μισό σε κύκλο 11 ιντσών σε φύλλο μπισκότων με αλευρωμένα δάχτυλα. Περιχύνουμε με μείγμα σάλτσας ντομάτας, κρεμμύδι και τυρί Fontina. Πασπαλίζουμε με βασιλικό, προσούτο και δαμάσκηνο ντοματίνια (χοντροκομμένα). Από πάνω με τυρί παρμεζάνα.

Ψήστε μια πίτσα κάθε φορά για 15 έως 20 λεπτά ή μέχρι να ροδίσει η κρούστα.

ΕΠΙΔΟΡΠΙΟ

88. Βουτυρένια στράτα κρουασάν με προσούτο

Κάνει: 8

ΣΥΣΤΑΤΙΚΑ:
- 3 κουταλιές της σούπας αλατισμένο βούτυρο, κομμένο σε λεπτές φέτες, και επιπλέον για το άλειμμα
- 6 κρουασάν, χονδρικά κομμένα στα τρίτα
- 8 μεγάλα αυγά
- 3 φλιτζάνια πλήρες γάλα
- 1 κουταλιά της σούπας μουστάρδα Dijon
- 1 κουταλιά της σούπας φρέσκο φασκόμηλο ψιλοκομμένο
- ¼ κουταλάκι του γλυκού φρεσκοτριμμένο μοσχοκάρυδο
- Αλάτι Kosher και φρεσκοτριμμένο πιπέρι
- 12 ουγγιές κατεψυγμένο σπανάκι, αποψυγμένο και στυμμένο στεγνό
- 1 ½ φλιτζάνι τριμμένο τυρί Γκούντα
- 1 ½ φλιτζάνι τριμμένο τυρί Gruyère
- 3 ουγγιές προσούτο κομμένο σε λεπτές φέτες, σκισμένο

ΟΔΗΓΙΕΣ:

a) Προθερμάνετε το φούρνο στους 350°F. Λαδώνουμε ένα ταψί 9 × 13 ιντσών.

b) Τοποθετήστε τα κρουασάν στον πάτο του ταψιού και καλύψτε τα με το βούτυρο σε φέτες. Ψήστε μέχρι να ψηθεί ελαφρά, 5 με 8 λεπτά. Αφαιρέστε και αφήστε το να κρυώσει στο τηγάνι μέχρι να μην είναι πια ζεστό στην αφή, περίπου 10 λεπτά.

c) Σε ένα μεσαίο μπολ, χτυπήστε μαζί τα αυγά, το γάλα, τη μουστάρδα, το φασκόμηλο, το μοσχοκάρυδο και μια πρέζα αλάτι και πιπέρι. Προσθέστε το σπανάκι και ¾ φλιτζάνι από κάθε τυρί. Ρίξτε προσεκτικά το μείγμα πάνω από τα φρυγανισμένα κρουασάν, μοιράζοντάς το ομοιόμορφα. Περιχύνουμε με το υπόλοιπο τυρί και προσθέτουμε το προσούτο για να τελειώσει. Σκεπάζουμε και βάζουμε στο ψυγείο για τουλάχιστον 30 λεπτά ή όλη τη νύχτα.

d) Όταν είναι έτοιμη για ψήσιμο, αφαιρέστε τα στρώματα από το ψυγείο και προθερμάνετε το φούρνο στους 350°F.

e) Ψήνετε μέχρι να σταθεροποιηθεί το κέντρο της στρώσης, περίπου 45 λεπτά. Αν τα κρουασάν αρχίσουν να ροδίζουν πριν τελειώσουν το μαγείρεμα οι στρώσεις, σκεπάστε τα με αλουμινόχαρτο και συνεχίστε το ψήσιμο.

f) Βγάζουμε τα στρώματα από το φούρνο και τα αφήνουμε να κρυώσουν για 5 λεπτά πριν τα σερβίρουμε.

89. Τάρτα βαλσάμικο ροδάκινο και μπρι

Κάνει: 6

ΣΥΣΤΑΤΙΚΑ:

- 1 φύλλο σφολιάτας παγωμένη, ξεπαγωμένη
- ⅓ φλιτζάνι πέστο βασιλικού λεμονιού
- 1 (8 ουγκιές) τροχό τυρί Brie, φλούδα και κομμένο σε φέτες
- 2 ώριμα ροδάκινα, κομμένα σε λεπτές φέτες
- Εξτρα παρθένο ελαιόλαδο
- Αλάτι Kosher και φρεσκοτριμμένο πιπέρι
- 3 ουγγιές προσούτο κομμένο σε λεπτές φέτες, σκισμένο
- ¼ φλιτζάνι βαλσάμικο ξύδι
- 2 με 3 κουταλιές της σούπας μέλι
- Φύλλα φρέσκου βασιλικού, για το σερβίρισμα

ΟΔΗΓΙΕΣ:

90. Προθερμάνετε το φούρνο στους 425°F. Στρώνουμε ένα φύλλο ψησίματος με λαδόκολλα.

91. Τυλίξτε απαλά τη σφολιάτα σε μια καθαρή επιφάνεια εργασίας σε πάχος 1/8 ίντσας και μεταφέρετέ τη στο έτοιμο φύλλο ψησίματος. Τρυπήστε τη ζύμη παντού με ένα πιρούνι και, στη συνέχεια, απλώστε το πέστο ομοιόμορφα πάνω στη ζύμη, αφήνοντας ένα περίγραμμα ½ ίντσας. Αραδιάζουμε το μπρι και τα ροδάκινα πάνω από το πέστο και περιχύνουμε ελαφρά με ελαιόλαδο. Αλατοπιπερώνουμε και από πάνω το προσούτο. Πασπαλίζουμε τις άκρες της ζύμης με πιπέρι.

92. Ψήνουμε μέχρι να ροδίσει η ζύμη και να γίνει τραγανό το προσούτο, για 25 με 30 λεπτά.

93. Εν τω μεταξύ, σε ένα μικρό μπολ, χτυπήστε μαζί το ξύδι και το μέλι.

94. Βγάζουμε την τάρτα από το φούρνο, ρίχνουμε τα φύλλα βασιλικού και περιχύνουμε με το μείγμα μελιού. Κόβουμε σε κομμάτια και σερβίρουμε ζεστό.

64. Σαρκοβόρο κέικ

Κάνει: 6

ΣΥΣΤΑΤΙΚΑ:
Μπράουνσβαϊγκερ
- ¼ κιλό χοιρινή σπάλα ή μοσχαρίσια γλώσσα, κομμένη σε κύβους
- 10 ουγγιές χοιρινό ή μοσχαρίσιο συκώτι, κομμένο σε κύβους
- 2 αυγά βραστά, καθαρισμένα
- 6 ουγγιές χοιρινό λίπος στην πλάτη, κομμένο σε κύβους
- 1 ½ κουταλάκι του γλυκού ροζ θαλασσινό αλάτι

Για επικάλυψη
- 6 φέτες προσούτο ή καρπάτσιο
- 6 φέτες μπέικον

ΟΔΗΓΙΕΣ:
a) Φτιάξτε αυτό το πιάτο 1 με 2 ημέρες πριν το φαγητό.

b) Προσθέστε χοιρινό συκώτι, ώμους και κύβους λίπους σε έναν επεξεργαστή τροφίμων και επεξεργαστείτε καλά.

c) Το αδειάζουμε σε ένα ταψί από ελατήρια. Σκεπάζουμε το ταψί με αλουμινόχαρτο έτσι ώστε να μην μπαίνει νερό στο ταψί. Βεβαιωθείτε ότι είναι καλά τυλιγμένο.

d) Πάρτε ένα τηγάνι, μεγαλύτερο από το ταψί από την ελατήρια και ρίξτε μια ίντσα βραστό νερό στο κάτω μέρος του τηγανιού.

e) Τοποθετούμε το ταψί με ελατήριο στο ταψί.

f) Τοποθετούμε το ταψί μαζί με το ταψί στο φούρνο για περίπου 2 ώρες. Βεβαιωθείτε ότι ο φούρνος σας έχει προθερμανθεί στους 300° F πριν βάλετε το ταψί στο φούρνο.

g) Βγάζουμε το ταψί από το φούρνο. Κάνουμε 2 λακκούβες στο τηγάνι, αρκετά μεγάλες ώστε να χωράει ένα αυγό. Σε κάθε λακκούβα βάζουμε ένα βραστό αυγό. Καλύπτουμε τα αυγά με μια κουταλιά κρέας.

h) Ψύξτε και βάλτε το στο ψυγείο για 1 - 2 ημέρες.

i) Τοποθετήστε από πάνω φέτες προσούτο και μπέικον. Σερβίρισμα.

95. Τάρτα με κρεμμύδι και προσούτο

Κάνει: 8 μερίδες

ΣΥΣΤΑΤΙΚΑ:
- ½ κιλό σφολιάτα
- 4 μεγάλα κρεμμύδια? ψιλοκομμένο
- 3 ουγγιές Προσούτο? σε κύβους
- ½ κουταλάκι του γλυκού Θυμάρι
- ½ κουταλάκι του γλυκού δεντρολίβανο
- 2 κουταλιές της σούπας ελαιόλαδο
- 12 μεγάλες μαύρες ελιές σε λάδι. κουκούτσια
- Φρεσκοτριμμένο μαύρο πιπέρι
- Αλάτι αν χρειάζεται
- 1 Αυγό

Μαγειρέψτε τα κρεμμύδια σε λάδι με μυρωδικά μέχρι τα κρεμμύδια να γίνουν διάφανα. Προσθέστε το προσούτο και μαγειρέψτε για 3 λεπτά. Αλατοπιπερώνουμε και αλατίζουμε. Ψύχρα. Ανοίγουμε τη ζύμη σε ορθογώνιο πλάτος 11" επί 9. Κόβουμε 4 λωρίδες ζύμης για να φτιάξουμε τα περιθώρια και τις πιέζουμε στις άκρες του παραλληλογράμμου. Μεταφέρουμε σε φύλλο μπισκότων και αλείφουμε τις άκρες με χτυπημένο αυγό. Κρυώνουμε ½ ώρα. Προθερμαίνουμε τον φούρνο στους 425 Απλώστε το μείγμα του κρεμμυδιού στην έτοιμη ζύμη, ψήστε για 30 λεπτά, Χαμηλώστε τη φωτιά στους 300, διακοσμήστε την τάρτα με κομμένες σε φέτες ελιές και συνεχίστε το ψήσιμο για άλλα 15 λεπτά.

96.   <u>Προσούτο ντοματόψωμο ελιάς</u>

Φτιάχνει: 1 μερίδα

ΣΥΣΤΑΤΙΚΑ:
- 1 λίβρα καρβέλι, 1 1/2 λίβρα καρβέλι
- 1 φλιτζάνι νερό
- 2 κουταλιές της σούπας φυτικό λάδι
- ⅓ φλιτζάνι ώριμη ντομάτα
- ⅓ φλιτζάνι ελιές, Alfonse χωρίς κουκούτσι ή άλλες οινοπολυμερείς ελιές
- ⅓ φλιτζάνι προσούτο, τριμμένο
- 2 κουταλάκια του γλυκού ζάχαρη
- ½ κουταλάκι του γλυκού φασκόμηλο
- 1 κουταλάκι του γλυκού αλάτι
- ⅓ φλιτζάνι αλεύρι σίκαλης
- 1 ½ φλιτζάνι αλεύρι ολικής αλέσεως
- 1 ½ φλιτζάνι αλεύρι ψωμιού
- 1 ½ κουταλάκι του γλυκού μαγιά

Ψήστε σύμφωνα με τις οδηγίες του κατασκευαστή.

97. Ποπόβερ προσούτο-πορτοκάλι

Κάνει: 6 μερίδες

ΣΥΣΤΑΤΙΚΑ:
- 1 φλιτζάνι Αλεύρι
- ¼ κουταλάκι του γλυκού Αλάτι
- 1 φλιτζάνι Γάλα
- 2 αυγα; ελαφρώς χτυπημένα
- 1 κουταλιά της σούπας λιωμένη μαργαρίνη
- 2 φέτες Προσούτο? κομμένο από επιπλέον λίπος? ψιλοκομμένο
- 1 μεγάλο πορτοκάλι? ψιλοτριμμένη φλούδα από

a) Βάζουμε το ταψί στο φούρνο και προθερμαίνουμε στους 450 βαθμούς. Βγάζουμε το ταψί από το φούρνο μόλις ζεσταθεί.

b) Ανακατεύουμε μαζί το αλεύρι και το αλάτι. Χτυπάμε το γάλα, τα αυγά και τη λιωμένη μαργαρίνη μέχρι να ομογενοποιηθεί το μείγμα. Μην υπερνικήσετε. Προσθέστε το προσούτο και τη φλούδα πορτοκαλιού.

c) Ρίχνουμε τη ζύμη στο ζεστό ταψί και ψήνουμε στον προθερμασμένο φούρνο για 15 λεπτά. Δυναμώνουμε τη φωτιά στους 350 βαθμούς και συνεχίζουμε το ψήσιμο για 15-20 λεπτά, μέχρι να φουσκώσει και να ροδίσει. Ποτέ μην ανοίγετε την πόρτα του φούρνου κατά τη διάρκεια του χρόνου ψησίματος γιατί τα ποπόβερ θα ξεφουσκώσουν.

d) Βγάζετε από το φούρνο και περνάτε ένα μαχαίρι γύρω από κάθε popover.

e) Βγάζετε από το τηγάνι και τρυπάτε το καθένα με ένα μαχαίρι.

98. Γλασαρισμένο Προσούτο

ΣΥΣΤΑΤΙΚΑ:

- 3 κούπες ζάχαρη
- 1 1/2 φλιτζάνι Prosciutto di Parma φέτες, ψιλοκομμένες

ΟΔΗΓΙΕΣ:

a) Σε μια μεσαία κατσαρόλα λιώνουμε σιγά σιγά τη ζάχαρη, προσθέτουμε το προσούτο και ανακατεύουμε για 3 λεπτά.

b) Απλώνουμε το μείγμα σε ένα ταψί με κερί ή λαδόκολλα.

c) Αφήνουμε να κρυώσει και να σπάσει για να θρυμματιστεί.

99. Κέικ με μοτσαρέλα και προσούτο πατάτας

Κάνει: 6

ΣΥΣΤΑΤΙΚΑ:
- Κέικ με μοτσαρέλα και προσούτο πατάτας
- 1/2 φλιτζάνι (35 γρ.) φρέσκια τριμμένη φρυγανιά
- 900 γραμμάρια πατάτες καθαρισμένες
- 1/2 φλιτζάνι (125 ml) ζεστό γάλα
- 60 γραμμάρια βούτυρο, κομμένο σε κύβους
- 2/3 φλιτζανιού (50 γρ.) τριμμένη παρμεζάνα
- 2 αυγα
- 1 κρόκος αυγού
- 1 φλιτζάνι (100g) τριμμένη μοτσαρέλα
- 100 γραμμάρια προσούτο κομμένο σε κύβους
- μωρό πύραυλο, για να σερβίρεις

ΟΔΗΓΙΕΣ:
a) Προθερμαίνουμε το φούρνο σε πολύ ζεστό, στους 200°C (180°C με αέρα).

b) Αλείφουμε ένα ταψί ελατηρίου 20 εκ. με βούτυρο. πασπαλίζουμε τη βάση με το ένα τρίτο της τριμμένης φρυγανιάς.

c) Βράζετε τις πατάτες σε μια κατσαρόλα με αλατισμένο νερό που βράζει για 15 λεπτά, μέχρι να μαλακώσουν. Διοχετεύω; επιστρέφετε στο τηγάνι για 1 λεπτό, μέχρι να στεγνώσει.

d) Πολτοποιούμε τις πατάτες προσθέτοντας το γάλα και το μισό βούτυρο. Ανακατέψτε με παρμεζάνα, αυγό και κρόκο αυγού. εποχή.

e) Αλείφουμε το έτοιμο ταψί με το μισό μείγμα πατάτας. Καλύψτε με μοτσαρέλα και προσούτο. από πάνω με το υπόλοιπο μείγμα πατάτας. Κουκκίδα με το υπόλοιπο βούτυρο. πασπαλίζουμε με την υπόλοιπη φρυγανιά.

f) Ψήστε για 30 λεπτά, μέχρι να ροδίσουν και να ζεσταθούν. stand cake 10 λεπτά. Κόβουμε και σερβίρουμε με ρόκα.

100. Πανακότα Πράσινο Μπιζέλι με Προσούτο

Κάνει: 8-10 μερίδες

ΣΥΣΤΑΤΙΚΑ
ΠΡΑΣΙΝΟ ΜΠΙΖΕΛΙ PANNA COTTA:

- Μαγειρικό σπρέι canola ή άλλο ουδέτερο λάδι
- 1 κ.γ. νιφάδες άγαρ άγαρ
- 1 μικρό κοτσάνι σέλινου, κομμένο σε κύβους
- 2" κλωναράκι φρέσκο δεντρολίβανο
- 1 φύλλο δάφνης
- 1/2 κουτ. ολόκληρους κόκκους μαύρου πιπεριού
- 1/4 κουτ. ολόκληρα μούρα μπαχάρι
- 2 κλωναράκια ιταλικό μαϊντανό πλατύφυλλο
- Επιτραπέζιο αλάτι, για γεύση
- 2 φλιτζάνια αρακά
- 1/4 γ. κρέμα γάλακτος
- 2 κουταλιές της σούπας τυρί μπρι
- Πιπέρι καγιέν, για γεύση
- Πιπέρι, για γεύση
- Micro χόρτα ή χόρτα σέλινου, για γαρνίρισμα

ΤΣΑΠ ΠΡΟΣΟΥΤΟ:
- 4 λεπτές φέτες Prosciutto de Parma

ΠΡΑΣΙΝΟ ΜΠΙΖΕΛΙ PANNA COTTA:

a) Προθερμάνετε το φούρνο στους 400º F με μια σχάρα στο κέντρο. Στρώνουμε ένα φύλλο ψησίματος με αλουμινόχαρτο. Καλύψτε ελαφρά τα φλιτζάνια μιας φόρμας για μίνι μάφιν 12 φλιτζανιών με μαγειρικό σπρέι και αφήστε τα στην άκρη.

b) Συνδυάστε 1-3/4 φλιτζάνια νερό, άγαρ άγαρ, σέλινο, δεντρολίβανο, δάφνη, κόκκους πιπεριού, μπαχάρι, μαϊντανό και 1/4 κουταλάκι του γλυκού επιτραπέζιο αλάτι σε μια μικρή κατσαρόλα. Αφήνουμε να σιγοβράσει σε δυνατή φωτιά, ξύνοντας περιστασιακά τον πάτο του τηγανιού και μετά χαμηλώνουμε τη φωτιά στο χαμηλό. Συνεχίστε να ξύνετε τον πάτο του τηγανιού περιστασιακά, καθώς το άγαρ άγαρ αρέσει να καθιζάνει, μέχρι να φαίνεται διαλυμένο, περίπου 6-8 λεπτά.

c) Προσθέστε τον αρακά σε ένα μπλέντερ και πολτοποιήστε. Στραγγίστε το ζωμό άγαρ άγαρ μέσα από ένα σουρωτήρι με λεπτό πλέγμα στο μπλέντερ. Προσθέστε παχύρρευστη κρέμα, μπρι, μια πρέζα καγιέν και επιπλέον νερό για να αυξήσετε τον όγκο λίγο πάνω από 2 φλιτζάνια.

d) Ανακατεύουμε μέχρι να ομογενοποιηθούν, ξύνοντας τις πλευρές του μπλέντερ όσο χρειάζεται. Δοκιμάστε και προσαρμόστε το καρύκευμα με αλάτι, λευκό πιπέρι και επιπλέον καγιέν αν θέλετε, ανακατεύοντας για λίγο για να ενσωματωθεί πλήρως. Μοιράστε ομοιόμορφα το μείγμα στα 12 φλιτζάνια που έχετε ετοιμάσει για μάφιν.

e) Χτυπήστε το τηγάνι αρκετές φορές για να καθίσει και να βοηθήσετε στην απομάκρυνση τυχόν φυσαλίδων αέρα που μπορεί να έχουν σχηματιστεί. Αφήνουμε στην άκρη για περίπου μία ώρα για να δέσει το άγαρ άγαρ.

f) Την ώρα του σερβιρίσματος, περάστε ένα λεπτό μαχαίρι γύρω από την άκρη της πανακότα και στη συνέχεια βγάζετε το καθένα.

ΤΣΑΠ ΠΡΟΣΟΥΤΟ:

g) Προθερμάνετε το φούρνο στους 250° F.

h) Χρησιμοποιώντας ένα στρογγυλό κόφτη 1 ίντσας, κόψτε κύκλους από το προσούτο. Τοποθετούμε σε ταψί με λαδόκολλα και ψήνουμε για 10-15 λεπτά μέχρι να ροδίσουν. Κρατήστε για γαρνίρισμα.

ΣΥΝΕΛΕΥΣΗ:

i) Τοποθετούμε την πανακότα σε ένα ταψί.

j) Τοποθετούμε ένα δίσκο προσούτο πάνω στο αϊόλι.

k) Γαρνίρουμε με μικροπράσινα ή χόρτα σέλινου.

ΣΥΜΠΕΡΑΣΜΑ

Ελπίζουμε ότι αυτό το βιβλίο μαγειρικής σας ενέπνευσε να δοκιμάσετε νέους και δημιουργικούς τρόπους για να χρησιμοποιήσετε το προσούτο στη μαγειρική σας. Είτε διασκεδάζετε καλεσμένους, είτε ταΐζετε την οικογένειά σας είτε απλώς αφεθείτε στην αγάπη σας για την ιταλική κουζίνα, αυτές οι συνταγές είναι βέβαιο ότι θα ενθουσιάσουν τους γευστικούς σας κάλυκες και θα σας αφήσουν να νιώθετε ικανοποιημένοι. Μην φοβάστε να πειραματιστείτε με διαφορετικές γεύσεις, υλικά και τεχνικές μαγειρέματος - αυτή είναι η ομορφιά του μαγειρέματος με προσούτο! Και με 100 συνταγές για να διαλέξετε, δεν θα ξεμείνετε ποτέ από νόστιμες ιδέες. Σας ευχαριστούμε που ήρθατε μαζί μας σε αυτό το γαστρονομικό ταξίδι και σας ευχόμαστε καλή μαγειρική!